山西古村镇系列丛书

山西省住房和城乡建设厅组织编写

西湾古

薛林平 李 成
马小莉 于丽萍 著

中国建筑工业出版社

图书在版编目(CIP)数据

西湾古村／薛林平等著．—北京：中国建筑工业出版社，2012.8
（山西古村镇系列丛书）
ISBN 978-7-112-14429-7

Ⅰ.①西… Ⅱ.①薛… Ⅲ.①乡村-概况-临县 Ⅳ.①K292.55

中国版本图书馆CIP数据核字（2012）第135903号

责任编辑：费海玲
责任设计：董建平
责任校对：刘梦然　陈晶晶

山西古村镇系列丛书
山西省住房和城乡建设厅组织编写

西湾古村

薛林平　李　成　马小莉　于丽萍　著

*

中国建筑工业出版社出版、发行（北京西郊百万庄）
各地新华书店、建筑书店经销
北京方舟正佳图文设计有限公司制版
北京顺诚彩色印刷有限公司

*

开本：787×960毫米　1/16　印张：10　字数：250千字
2012年9月第一版　2012年9月第一次印刷
定价：**56.00元**
ISBN 978-7-112-14429-7
　　　（22476）

版权所有　翻印必究
如有印装质量问题，可寄本社退换
（邮政编码 100037）

《山西古村镇系列丛书》

主　编：李俊明　李锦生
副主编：于丽萍　张　海　薛林平

《西湾古村》

著　者：薛林平　李　成
　　　　马小莉　于丽萍

丛书总序

我曾多次到过山西，这里丰富的历史遗存和深厚的人文底蕴，令人赞叹，给人的印象非常深刻。山西省建设厅张海同志请我为《山西古村镇系列丛书》作个序，在这里我就历史文化遗产和古村镇保护等有关问题谈一些粗浅的想法。

国际经济社会发展的经验证明，一个国家城镇化水平达到30％以后，城镇化进程不断加快，随之出现城市建设的高潮；人均生产总值达到1000～3000美元时，进入经济发展的黄金期，也是多种矛盾的爆发期，这个时期不仅可能引发各种社会矛盾，还会出现许多问题。我国城镇化水平2003年就已经超过了40％，人均生产总值2006年已经超过了2000美元，国民经济快速发展，城镇化进程不断加速；在城市建设日新月异的发展中，中央又审时度势提出了"两个趋势"的科学判断，作出了加强小城镇和新农村建设的决策。过去，我国城市的大批建筑遗存，正是在大搞城市建设中遭到毁灭性破坏。现在，我国农村许多建筑遗产，能否在小城镇和新农村建设中有效保护，正面临着严峻考验。处理好小城镇和新农村建设与古村镇保护的关系，保护祖先留下的非常宝贵、不可再生的文化遗产，是历史赋予我们义不容辞的责任。

对于建筑历史文化遗产的保护，人们的观念不断创新、思路逐步调整、方法正在改进，从注重官府建筑、宗教建筑的保护，向关注平民建筑保护的转变；从注重单体建筑的保护，向关注连同建筑周边环境保护的转变；尤其是近年来，特别关注古村镇的保护。因为，古村镇是区域文化的"细胞"，是一个各种历史文化的综合载体，不仅拥有表现地域、历史和民族风情的民居建筑、街区格局、历史环境、传统风貌等物质文化遗产，还附着居住者的衣食起居、劳动生产、宗教礼仪、民间艺术等非物质文化遗产。我国现存有大量的古村镇，其历史文化价值和社会经济价值都是巨大的，按照英格兰的统计方法，古村镇的价值应占到GDP的30％以上。然而，认识到这一点的人并不多，甚至有人认为古村镇、古建筑是社会发展的绊脚石，这种观点对于文化的传承和社会的进步都是极为不利的。在快速推进的城乡建设浪潮中，我们所面临的最大问题就是，大批历史古迹被毁坏，大批古村镇被过度改造，使中华民族的历史文化遗产严重损坏。在这个时候提出古村镇的保护，实际上是一项带有抢救性的工作。

2008年1月1日开始实施的《城乡规划法》，突出强调了保护历史文化遗产的重要性；2008年4月又颁布了《历史文化名城名镇名村保护条例》。历史文化名城保护工作已开展近30年，历史文化名镇名村保护工作也已启动，现在大家基本达成共识，保护有价值的古村镇，其实就是"保护文化遗产，弘扬优秀的传统文化……保持民族性，体现时代性"。但是，当前全国历史文化村镇保护的形势仍然不容乐观，保护工作极不平衡，一些地方还未认识到整体保护历史文化村镇的重要性，忽视了周边环境风貌和尚未列入文物保护单位的优秀民居的保护，制定和完善保护历史文化村镇规划的任务还十分艰巨；一些地区片面追求经济效益，对历史文化村镇进行无限度、无规划的盲目开发；一些地方擅自改变国有文物保护单位的管理体制，交给企业经营管理。

作为华夏文明的发祥地之一，山西有着丰厚的文化积淀和历史遗存，不仅有数量众多的古建筑，还保存有大量的古村镇。由于山西历史悠久、民族聚居、文化融合、地形差异等多因素影响，再加之较为发达的古代经济，建造了大量反映农耕文明时代、各具特色的古村镇。这些古村镇，一是分布在山西中部汾河流域，以平遥古城为中心，以晋商经济为支撑，体现晋商文化特色；二是分布在晋城境内沁河流域，以阳城县的皇城、润城为中心，以冶炼工业及商贸流通为支撑，体现晋东南文化特色；三是分布在吕梁山区黄河沿岸，以临县碛口古镇为中心，以古代商贸流通、商品集散为支撑，体现晋西北黄土高原文化；四是沿山西省内外长城，在重要边关隘口，以留存了防御性村堡，体现边塞风情和边关文化，在山西统称为"三河一关"古村镇。这些朴实生动和极富文化内涵的古村镇，是人类生存聚落的延续，是中国传统建筑的精髓；保存有完整的古街区、大量的古建筑，体现着先人在村镇选址、街区规划、院落布局、建筑构造、装饰技巧等方面的高超水平；真实地反映了农耕文明时代的乡村经济和社会生活，凝聚了劳动人民的智慧，沉淀了中华民族的优秀文化，传承了丰富的历史信息；具有浓郁的地方特色和很高的研究价值，是人类共同的文化遗产和宝贵财富。

山西省建设厅一直对古村镇及其文化遗产的保护非常重视，从2005年开始，对全省的古村镇进行了系统普查，根据普查的初步成果，编辑出版了《山西古村镇》一书；同年，主办了"中国古村镇保护与发展碛口国际研讨会"，并通过了《碛口宣言》。报请省政府下发了《关于历史文化名镇名村保护工作的意见》，并分两批公布了71个"山西省历史文化名镇名村"，其中18处已经成为"中国历史文化名镇名村"。为大部分古村镇制定了科学的保护规划，开展了多层次的保护工作，逐步形成了科学、合理、有效的保护机制。为了不断提高人们的保护意识，他们又组织编写了《山西古村镇系列丛书》，本系列丛书撷取山西有代表性的古村镇，翔实地介绍了其历史文化、选址格局、建筑特色、非物质文化遗产，内容较为丰富。为了完成书稿的写作，课题组多次到现场调查，在村落中居住生活了相当一段时间，积累了大量第一手资料。通过细致的测绘图纸和生动的实物照片，可以看到他们极大的工作热情和辛勤劳动。这套丛书不仅是对古村镇保护工作的反映，更有助于不断增强全社会的文化遗产保护意识。让我们以此为契机，妥善处理保护与发展的关系，做到科学保护、有效传承、永续利用历史文化遗产，不断开创历史文化名镇名村保护工作的新局面。

是为序。

住房和城乡建设部　副部长

目 录

丛书总序

第一章 历史文化 1
  一、西湾村概况 2
  二、西湾村陈氏 7
  三、传统文化及民风民俗 11
    1. 民俗工艺 11
    2. 饮食文化 14
    3. 历史遗物 14
    4. 节庆佳日 17

第二章 空间格局 19
  一、村落格局 20
  二、街巷空间格局 23
    1. 村民主要活动场所——槐树街 24
    2. 功能齐全的街巷——五行巷道 25
      (1) 概况 25
      (2) 木巷 25
      (3) 火巷 26
      (4) 土巷 27
      (5) 金巷及水巷 29
    3. 街巷的空间及功能 31
      (1) 道路交叉口 31
      (2) 排水功能 32
      (3) 通风与遮阳功能 34
  三、节点空间 34
    1. 村前广场 35
    2. 入口空间 36

　　　　　　3. 券洞空间 37
第三章　居住建筑 39
　一、居住建筑概述 40
　　　　1. 建筑形制 45
　　　　2. 院落组合 46
　　　　3. 建筑形式 48
　　　　4. 窑洞形式与室内布局 50
　　　　5. 建筑风水 53
　二、东财主院落群 53
　　　　1. 概述 53
　　　　2. 东财主东院 54
　　　　3. 东财主西院 63
　三、岁进士院落群 69
　　　　1. 概述 69
　　　　2. 岁进士下院 70
　　　　3. 岁进士上院 73
　四、竹苞松茂院 76
　五、四合院 79
　六、西财主院 82
　七、陈三锡院 85
　八、恩进士院 87
第四章　公共建筑 89
　一、祠堂建筑 90
　　　　1. 陈氏祠堂 90
　　　　2. 思孝堂 94
　二、墓阙建筑 96
　三、防御性建筑 101

第五章　装饰艺术 103
一、门窗装饰 104
二、墀头装饰 108
三、匾额装饰 116
四、门墩装饰 122
五、门钹装饰 124
六、户对装饰 125
七、脊兽装饰 127
八、雀替装饰 128
九、斗栱装饰 129
十、耍头装饰 132
十一、拴马石装饰 133

附录 135
附录1　历史建筑测绘图选录 135
附录2　《陈氏家谱》摘录 144
附录3　碑文选录 149
附录4　匾额汇总 150
附录5　陈氏重要人物一览表 151

后记 152

第一章

历史文化

一、西湾村概况

西湾村位于山西省的西部（图1-1）[1]，隶属吕梁市临县碛口镇，东临湫水河[2]，西傍卧虎山，背靠卧龙岗，因地处卧龙岗西面的小山湾里而得名"西湾"（图1-2）。2003年被公布为第一批中国历史文化名村。

图1-1 区位图

图1-2 西湾古村及其前的湫水河

---

1 西湾村地处中纬度地区，属于温带大陆性气候，一年四季分明，气候温和，光照充足，降水量少。古村占地约3公顷。据村中2011年统计资料，村中有村民约120户，420人左右，村内在清朝、民国时期院落为30余座。现其中大部分院落尚存。
2 湫水河，古称"临水"，又叫"龙泉水"、"秋水"，是黄河的支流，是临县最大的一条河流，在碛口汇入黄河，流经的地方人口密集，物产丰富，有"百里湫川"之称。湫水河流经西湾村下，为西湾带来了肥沃的泥土，但也时常给西湾带来不幸，西湾自建村以来，见证了湫水河的喜怒哀乐。相传，在19世纪六七十年代的时候，湫

水河还从后湾坪井则崖湾旁,流经白家山身底,再从高崖窑沟里流出,折向寨则山,顺着山脚,流经河南坪注入黄河。当时湫水河水流很小,河道也很窄,寨子坪与西湾通过娘娘庙连为一体。根据村中老者的讲述,光绪元年(1875年),湫水河的暴涨,加上卧龙岗地势较低,暴涨的河水改道从卧龙岗山脉经过,不仅使寨子坪与西湾相隔两岸,还冲走了卧龙岗下冯家塔的大半家产与房舍,后人也再也见不到那个形似静卧之龙的"卧龙岗"古迹。民国6年《临县志》载:"光绪元年(1875年)六月五日黎明,大雨如注,就地起水。湫河暴涨,冲毁河堤。湫川百里,东西无崖,城内二道街被淹。六月十八日,湫河洪水出岸,三交镇三分之二的房舍被淹。"

西湾古村是依托碛口商贸而发展起来的。碛口古镇位于湫水河与黄河交汇处,在明末清初只是个小码头(图1-3),但其地理位置极具优势。民国6年《临县志》记载:"黄河经县境二百余里,沿岸石壁峭崖。车行无路,间有山径,皆羊肠小道,惟碛口为临之门户,有事必争其形胜。"康熙年间(1662~1722年),西湾人陈三锡在碛口"招商设肆",后来,碛口逐渐变成了黄河中游的货物中转站。乾隆年间(1736~1795年),碛口商业进一步发展,成为商业重镇。民国6年《临县志》载:"碛口古代无镇,清乾隆年间,河水泛滥,冲没县川南区之侯台镇及黄河东岸之曲峪镇,两镇居民大都移居碛口。"[1]居民的大量迁移给碛口带去了大量的劳动力,促进了碛口的商业发展。乾隆二十一年(1756年)《修黑龙庙碑记》记载了这一时期碛口商业繁荣之盛况:"碛口镇又境接秦晋,地临河干,为商旅往来、舟楫上下之要津也,比年来人烟辐辏,货物山积。"民国时候,挂号的商铺就有两百多个,除了由临县的人经营以外,还有柳林、平遥、汾阳甚至内蒙古、甘肃的商人在碛口开店,一时商贾云集,黄河上船只往来,码头上货物堆积,碛口也因此被称为"水旱码头小都会,九曲黄河第一镇",还有"碛口街里尽是油,三天不运满街流"的说法,可见当时碛口商贸的发达程度。

然而到了抗战期间,碛口曾前后八次遭到日寇的扫荡,大部分商人为了活命都关门停业,携带家眷离开了碛口,碛口也就随之败落。抗战胜利以后,虽然一些商人回到碛口,店面重新开张营业,碛口经济也有一定的恢复,但是由于铁路的修建,河运萧条,碛口没有了当初的重要地位,逐渐退出了历史舞台。

据说在碛口的鼎盛时期,西湾陈家拥有碛口镇上的大部分店铺房产,赚来的银子被源

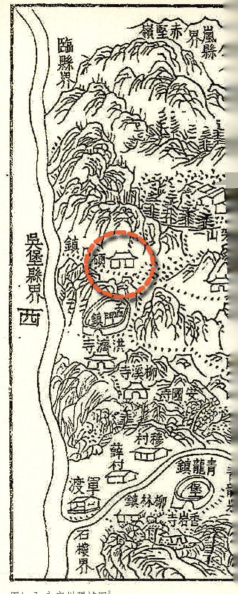

图1-3 永宁州疆域图[2]

1 引自民国6年（1917年）《临县志》，吴命新编著。
2 引自清光绪七年（1881年）《永宁州志·舆图》，(清)姚启瑞修，(清)万渊如纂。

源不断地运来西湾；再加上古时候出门做生意的都是男人，家眷留在村中看家做活，这就使得西湾成为了碛口的商业仓库和家属住宅。

20世纪30到50年代，随着曾经盛极一时的晋商重镇碛口逐渐走向衰落，依托于碛口商贸的西湾也开始日益萧条。日寇侵华时期，日本人在西湾村住了二十多天，在村里打砸抢烧，破坏了不少建筑；60年代闹饥荒，为了填饱肚子，有的村民把房子拆了，变卖换取粮食；再后来，由于"破四旧、立四新"，红卫兵将院子里的神龛、神盒子都毁了。如今，由于村里人口的增长、外姓的迁入和古村内用地的紧张，西湾新建的院落基本位于古村西侧的新村，形成了今天的格局（图1-4）。总结西湾村的发展沿革，可以发现其与外部因素的变化有着密切的联系，而经济、地理环境和政治因素是导致西湾从形成、发展、完善到衰落再到形成村落新格局的主导因素（表1-1）。

1620年—1800年聚落演变图

1800年—1850年聚落演变图

1960年—现今聚落演变图

1850年—1960年聚落演变图

图1-4 村落演变图

西湾村的发展变迁　　　　　　　　　　　　　　　　　　　　　　表1-1

发展阶段	标志	经济因素	地理环境因素	政治因素
选址阶段 (1620~1800年)	背卧龙岗，面湫水河	晋商的积累和发展	"险阻四塞，僻在一隅"	明末饥荒
形成阶段 (1800~1850年)	五条巷道基本形成	晋商的兴盛 （明初至清中期）	依附碛口，地处中原与北方交界之地	持续稳定
完善阶段 (1850~1930年)	格局完善	晋商的鼎盛 （清末）	湫水河改道 (1875年)	
破坏阶段 (1930~1949年)	很多建筑被毁	晋商的衰落	地处黄河中游要塞，中日激战之地	抗日战争时期的战乱 (1937~1945年)
损毁阶段 (1949~1978年)	很多建筑和雕饰被毁	晋商的衰落	/	"文化大革命" (1966~1976年)
新格局 (1978年至今)	新村建成	村落农业发展 (1953年至今) 旅游业发展 (2003年)	修通离碛公路 (2008年)	改革开放 (1978年至今)

二、西湾村陈氏

　　西湾是一个以陈氏家族血缘聚居为主的村落。约在明朝崇祯年间（1611~1644年），从"岱坡"（又称"九沟十八代"今方山县）来了两户同宗兄弟，其中一户居于西湾，另一户则居于今寨子坪圪旦上，而前者便是陈氏的祖先陈儒公。《陈氏家谱》记载："余一支则居西湾村，谨按义旨所载，上系一祖曰儒公，下列五祖一曰先谟公、二曰先讲公、三曰先思公、四曰先诵公、五曰先诰公。顾或则流徙他乡，或则亲属已竭，余不敢以冒谱。惟先讲公一派，犹有可考，满金、满庆、满江、满兰等是也，然其世系名号，亦无所传，将何以谱？兹谱者，惟余始祖一派耳。从伯父荩德公为余言曰：咱是老二门子孙。"

　　在西湾村的发展中，陈三锡有着举足轻重的地位。陈三锡（1685~1758年），字金之，陈氏第四代孙。陈三锡在世时正值康乾盛世，相传他带领一支队伍通过黄河天险，带着货物往返于内蒙古与碛口之间，并在碛口招商设肆，把碛口变成一个繁华重镇，因

此陈三锡可以称之为碛口商贸的创始人,也是真正使西湾发达起来的人。陈三锡在自己丰衣足食的同时,不忘贫苦出身的苦难历史,遇灾荒之年,或碰上孤苦怜贫之辈,大加施舍,广结善缘,邻里乡间,有口皆碑,是名副其实的"功德主"。据说,有一年碛口周边大闹灾荒,三锡摆了两口大锅,设灶熬粥,赈济灾民,皇上得知后,封三

图1-5 《永宁州志》相关记载

锡为汾州府候选通判。清光绪七年《永宁州志·孝义》(图1-5)记载:"陈三锡,西湾村人,候选州判,勇于有为。见人危急,必竭力济之。康熙年间,岁大侵。三锡恻然隐忧,因念北口为产谷之区,且傍大河,转连非难,遂出己赀于碛口招商设肆,由是舟楫胥至,粮果云集,居民得就市,无殍饿之虞,三锡之力也。至今碛口遂为巨镇,秦晋之要津焉。"[1]清乾隆二十一年(1756年),陈三锡携子孙出资重修了卧虎山上的黑龙庙。黑龙庙内的清乾隆二十一年(1756年)《重修黑龙庙碑记》上刻有:"永宁州候铨州判陈三锡,子秉温、秉恭、秉敬、秉谦,孙满瑜、满琰,施银一佰两。"道光二十七年(1847年),陈三锡再次出资修缮黑龙庙。

陈三锡自幼爱好读书,却屡试不第,后来弃文从商,但是仍然非常重视对子孙的教育,陈家出的第一位才子便是三锡的儿子陈秉谦。陈秉谦(1727~1795年),字圣德。清光绪七年《永宁州志》中有记载:"陈秉谦,三锡之子,恩贡生。有父风,郡守徐公令秉谦修黄卢岭官道,秉谦慨然独任。除捐己赀外,竭力经营,逾年而工竣。事载府志。"[2]

翻阅家谱后发现一位颇不一般的陈氏先人陈满琳。陈满琳(1776~1856年),字雍玉,乃三锡公之孙。清光绪七年《永宁州志》记载:"陈满琳,国学生,性好施予,距村里许,为商贾往来之径,每遇水潦,行人苦之,满琳因购地数亩为官道,以便行旅。又以其半,葬无力之丧。卒年八十一,不期而会丧者,百有余人。多不知姓名,抚棺而哭,即

1、2 选自《永宁州志卷二十二·孝义》,(清)姚启瑞,万渊如,刘子俊,清光绪七年(1881年)。

此亦可知其概矣。前知州贺崧龄以'薰德善良'额其门。"[1]另外《陈氏家谱》中也有记载："公富而好礼，俭而适中，恤孤怜贫，好善乐施人也。"

陈满琳继承了祖父陈三锡与父亲陈秉谦的作风，不论相识与否，总是扶危济困而不计回报。家谱有载："郡人王居仁者，官银匠也，因粮银有差，拘于省衙，家贫，束手无策。闻公慷慨而无半面交，然困急无法，遣子谒公，贷钱数十千文，得活命，后如数偿还，赠'仗义济急'四字旌之。""秦人某甲，挈眷流寓，比屋而居，值荒年，将鬻其妻子。公多方调护，始得保全，迄今儿女成行矣，夹河歌颂其德不衰云。自奉菲薄，夏着粗布衫，冬披山羊裘。每逢残腊，预储缗钱，以待贫不能度岁者，量人以给之，不期其偿，率以为常。"另有记载："近村旁往碛路屡为河水所圮，人避行高阜，坡陀巉岿，颠仆踵接。公于山麓买田数亩，中辟一途任辇，皆便之，且许无归旅亲权厝于侧，今无空地。经其地者，无不感叹焉。"

陈满琳擅长建造，在他的带领下，西湾进行了前后二十多年的大规模修建，形成了"世家城堡"的村落格局。不仅如此，陈满琳还主持修建和修缮了西湾村周围许多庙宇楼台。家谱记载："公善建造，远近神宫梵宇、危楼杰阁，皆敦请经营。碛口镇河南坪重修青龙庙，公举经理，公日夜忧勤，辛苦毕至。新建古刹院、重修西云寺，公戴星出入，自卑饮食。能静上人常言：有一日造饭已熟，一公拈杓一搅，蛙漂锅内，工匠数十人皆视而不食，众经理皆恐。公言虾蟇乃水中固有之物也，身先食之。众皆吐舌，然见公食，亦鼓舞而皆食无余焉。"

陈满琳一生助人无数，在他逝世的时候，被他帮助过的人都来为他送行，场面震撼感人，他的善行也为后人所传诵。《陈氏家谱》载："公没将葬，时在十一月望后，虽有徒杠，窄不能行，欲走冰上而棺椁甚重，薄不可支。正在忧愁而天气日复和煦，冰渐消。至葬之日，水暖冰释，可爱如春，公之柩即顺河而过焉。乞丐焚香哭奠，白衣路祭送行，两岸无隙地，观者如堵，莫不咨嗟。众曰：'此盛德公之所感也。公一生善行最多，兹列其数事之昭然耳目、脍炙人口者，以至不朽云。'"

陈满琳虽然"夏着粗布衫，冬披山羊裘"，极其普通的乡民打扮，但家谱记载"辛享路祭殊荣"的，仅此一人而已。陈氏祖训中强调"孝友传家"、"士修德，农食力"[2]，陈

---

[1] 选自《永宁州志卷二十二·孝义》，（清）姚启瑞，万渊如，刘子俊，清光绪七年（1881年）。
[2] 摘自《陈氏家谱·家谱凡例·念祖》，其中"孝友传家"和"士修德农食力"为陈氏祖训。

满琳将其发挥到极致,如果没有盛德所感,也不会有"乞丐焚香哭奠,白衣路祭送行"的场面。

陈辉章(生卒年月不可考),字映衢,三锡公四子陈秉谦之孙,因帮助朝廷消除内乱,朝廷封为"蓝顶五品军功",钦加"都司衔",敕授"昭武大夫"。凡汾州府官员见之,文官下轿,武官下马,州县各界官员上任伊始,皆会来西湾拜访"蓝顶老爷",以示尊重。所辖范围内,每遇重大事件难以抉择,也来府上与蓝顶老爷相商共讨。《陈氏家谱》中记载:"同治年间,回族反叛,及陕境。公与本邑总兵李能臣、临邑状元张从龙等共事守御,功劳卓著,钦加都司衔、蓝顶、五品军功敕授昭武大夫。重修卧虎帮,功绩甚佳。及整理地方大道,公益不少,乡里称赞,故有'永西人杰'之匾额。"相传,陈辉章每日清晨必登高远望,若有谁家烟筒不冒烟,即派人前去打探,问清情由,凡属缺粮短钱者,定派人送去粮银周济,不望偿还。行旅之中,尤其在秋冬时分,遇家贫无寒衣御寒之人,便脱下自己穿的棉衣相赠。受赠之人自然心存感激,将恩德讲述给后人,至今在村中还能听到这样的传闻。

陈满瑜,字佩珩(1738~1813年),在其撰写的《陈氏家谱》中列举十六条凡例,严格要求所有陈氏子弟务必遵行,对西湾陈氏后代来说是一种鞭策。凡例中写道:"先王建官置师,以六行教万民何也?为其有父母也,故教以孝;为其有兄弟也,故教以友;为其有同姓也,故教以睦;为其有异姓也,故教以姻;为其有邻里乡党、相保相爱也,故教以任相周相救也,故教以恤。"按照这种指引,在长达三百多年的动荡年代里,陈氏稳居西湾一隅,既没有惹祸于朝堂,也没有遗恨于乡间,反而既有载入史册之名流,也有"功德主"称谓于万民,繁衍了一方文明,演绎了陈家春秋。

陈秉灵(生卒年月不可考),三锡公之堂弟陈三平之子,清光绪七年《永宁州志》载:"陈秉灵,少孤,事孀母以孝闻。凡得四时异

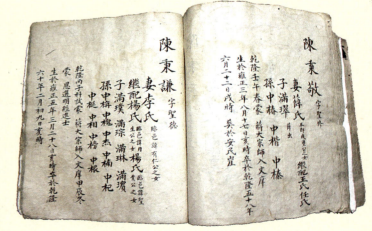

图1-6 陈氏家谱

味，必先奉母，然后敢食。前知州周悌闻其贤，赠'敦孝堂'额，并楹联以宠之。"

西湾人世世代代经商，很少做官，其中一个重要原因就是担心被株连九族。然而，陈氏家族却十分重视教育，各个崇文尚武，岁进士、恩进士、明经第、昭武大夫比比皆是。然而，进学的目的是修德，而不是做官；练好一身武艺，目的是强身健体，保境安民，绝非恃强凌弱、欺压百姓。据家谱（图1-6）统计，单是陈秉谦一门，便出了四子九孙一重孙，个个能文善武、乐善好施。

陈氏子弟严格按照祖训及凡例行事，正如陈满瑜在家谱中写的："我先人孝友传家，六行无亏，为子孙者念先人懿行，士修德而农食力，我先人当亦含笑而瞑目矣。"

三、传统文化及民风民俗

西湾给人留下印象最深的，便是那淳朴的民风。在村里走走，随处可见在家门口做饭的女人，挑着担子走在巷子里的男人，在槐树街下棋打牌的老人和在村头广场嬉戏的孩子。

1. 民俗工艺

西湾的男人在碛口经营商业，家里当然免不了有个贤内助。在村里，就是到了现在也经常可以看到坐在外面一边乘凉一边纳鞋底的女人，手法娴熟，色彩喜庆。除了纳鞋底以外，西湾人还自己缝制布艺娃娃和门帘（图1-7～图1-9）。

图1-7 花色鞋垫

图1-8 生肖布艺娃娃

图1-9 手工缝制的门帘

西湾有一位叫做陈俊万的艺匠,擅长手工制作木质梳子(图1–10)。材质不同的梳子上雕刻有不同的花纹样式,有生肖、花纹等吉祥图案,雕刻精细,十分精美(图1–11)。

图1–10 西湾木梳艺匠

图1–11 各式各样的手工雕刻木梳

图1–12 西湾村民制作食物

2. 饮食文化

与其他很多地方不同，西湾村民习惯一天只吃两顿饭。早上天亮起床以后，先到农田里去干活，到九点多时回家吃饭，吃完饭后在家休息或者在家里做做活。下午四点吃第二顿饭，吃完饭后再去做农活。当地人以面为主食，习惯于熬"混混菜"，放入土豆、白菜、粉条、芸豆和肉类，烩成一锅。西湾还有一种粥，叫做"钱钱饭"，将黄豆用铁锤捣成铜钱状，然后和小米一起熬成稀饭，吃起来香滑可口，在村中时常能听到砸钱钱的声音（图1-12）。西湾人很少坐在饭桌前吃饭，吃饭时每人盛一碗，端着便到村口去吃，或蹲着，或随便坐在一块石头上，大家边吃边聊，其乐融融。

3. 历史遗物

西湾村内现留存有许多历史遗物。如村中的高铁锁[1]，收藏有许多碛口及西湾古时候的日常用品，反映了当时人们的生活，极具价值。陈氏世代经商，少不了当铺，从称量精致物品的小秤（图1-13）到手掌大小的算盘（图1-14），再到半米长的大算盘，都反映了当时发达的商业。碛口当时的贸易做得很大，送货的队伍往来于山西与内蒙古之间，途中危险重重，除了猛虎野兽还有拦路抢劫的强盗，这就免不了防卫用的武器（图1-15～图1-18）。

图1-13 小秤

图1-14 算盘

---

[1] 现年62岁，是当年陈家长工的后代。

图1-15 民国时期的枪套

图1-16 民国时期的军刀

图1-17 九节鞭

图1-18 石锁

图1-19 旱烟枪、洋烟枪和水烟枪

图1-20 水烟枪

吸烟在我国古代盛行，西湾亦如此。烟的种类也有好多种，其中最多的是旱烟、水烟和洋烟（图1-19）。水烟源于古代的波斯，到清朝末年已经到了"吃水烟者遍天下"的程度。水烟枪（图1-20）下面是个铁盒子，里面装清水；上面插着一长一短两根管子，短的管子是烟斗，用来装烟丝；长的管子顶端弯曲，是吸管。吸水烟的时候，烟气先从清水里通过，发出"咕噜咕噜"的声音，然后通过吸管进入口中，这样的烟气中含有水蒸气，能减轻对口腔的刺激。旱烟是我国古代流行最广的烟，用竹子或者木头制成，抽烟时在烟锅内塞入烟丝，点上火便可以抽了。一般烟杆上还绑着烟袋，以便随时装填烟丝，携带比较方便，不用的时候插在腰间（图1-19中最前面的为旱烟枪）。由于碛口货运发达，后来自然少不了进口货——洋烟，也就是鸦片。图1-19后面放的便是抽鸦片用的洋烟枪。

  我国建筑上历来重视风水，像陈家这样的商业家族，对风水就格外重视。除了在院落和建筑的选址上有一定的讲究外，还要摆设一些物品起到镇宅和保佑全家的作用。有的在家中摆放狮子，其中一个作用是镇宅，另一个作用就是"绑小孩"。在孩子的腰上绑上布条或是绳子，另一端系在石狮子上，把孩子和狮子一并放在炕上，这样在父母出去干活的时候，孩子也不会从炕上掉下来，同时又有保佑孩子好好成长的含义（图1-21、图1-22）。许多人家还设神盒子。神盒子（图1-23）由一个刻有对联的木质框架和中间摆放的神像组成，一般摆放在堂窑里。有的人家每天都要上香，每逢节日还要预备饭菜供养，以求神仙"上天言好事，回来降吉祥"，表达了西湾人对美好生活的虔诚向往。

  300多年的历史遗物见证了陈家人的生活和劳作，也见证了西湾村的辉煌与壮大。这些东西道出了当时人们的生活状态，也间接反映了建筑的格局和布置。

图1-21 一对石质狮子

图1-22 琉璃狮子

图1-23 神盒子

4. 节庆佳日

西湾村有很多节庆佳日，现略述两例，即清明会和开锁。所谓清明会，就是在清明节这天，陈家人都去给逝去的先人上坟。那些从西湾出去四处闯荡的前辈后人，也从贺兰

沟、霍家沟、安乐庄等地回到西湾去上坟。从坟场回来后便在槐树街分享祭品，唠唠家常。《陈氏家谱》中记载："今候铨州判陈公讳三锡字金之者，慨然兴叹，不忍坐视，爰集族中之父兄子弟，公议祀典，遂于清明佳节，各奉香仪，为之携酒牵羊，以享祖茔。是日也即与茔中，序昭序穆，长者坐于上，幼者侍于下，抵酬樽饮，共乐余荣。一以妥先人之灵，一以慰后昆之心，而陈氏宗派永无论夫亲疏远近矣。况礼宜合享，不得效世俗之分崩离析；仪尚隆厚，勿使沿庸常之箪食壶浆。庶公公正正同享一案馨香而服本，斯为有礼；百世本支共食一席胙余而亲睦，于以可风。特以人情厌故喜新，靡不有初，鲜克有终，故奉此规矩于百代，必须定条约于今日。"[1]清明会一直持续了两百多年，直到后湾坪的坟场在土地改革时改成了农田，这个规矩才断了下来。

西湾还有一个颇有特色的习俗，叫做"开锁"。所谓"开锁"，就是将12岁之前每一年生日时给孩子的锁——打开，而挂的这些锁是希望将孩子的生命牢牢地锁住而不被死神带走。在那个医疗条件不发达的年代，孩童夭折很普遍，所以，"开锁"习俗之盛行也就不难理解了。生日之时，打开这些锁，也是希望小孩能够健康成长。开锁仪式结束以后，主人家要大摆筵席，广请宾客，有的比娶亲还要隆重。现今"开锁"这个习俗仍保留了下来，也算是对后代的希望和寄托。

西湾自建村以来将近400年的时间，陈家人世世代代为人老实忠厚，在湫水河的北侧偏居一隅，过着日出而作、日落而息的生活，既为后人留下了宝贵的建筑物质遗产，也留下了极其丰富的非物质文化遗产。

---

1 摘自《陈氏家谱·家谱规条序》。

【第二章】

空间格局
KONGJIAN GEJU

一、村落格局

　　西湾村西侧是卧虎山（又称黑龙峁），北面是卧龙岗[1]，东南侧是湫水河。村落背靠两座石山，面向湫水河，符合传统风水学"背山面水，左青龙，右白虎"的原则。卧龙岗和卧虎山像两只手臂一样把西湾村紧紧地环抱起来，使西湾村占据了上乘风水，体现了我国古代道法自然、天人合一的哲学思想。村前有些许平地，作为耕地（图2-1）。陈氏先人到西湾村后，希望将平地留给后代耕种，所以并没有在这点平地上建造房屋，而是在平地后面依山建造窑洞。

---

[1] 据当地村民讲述，卧龙岗与卧龙山由最先定居到此的陈氏家族的祖先儒公命名。

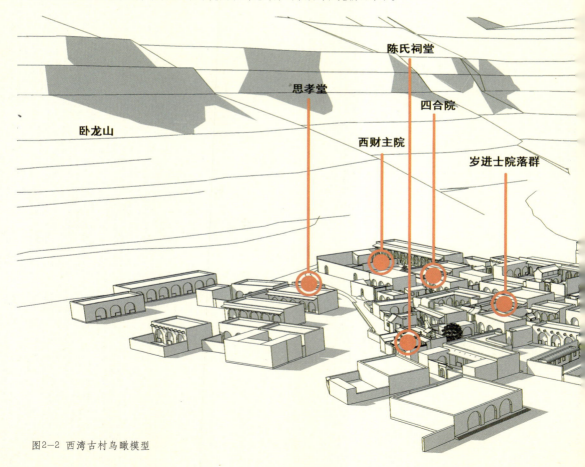

图2-2 西湾古村鸟瞰模型

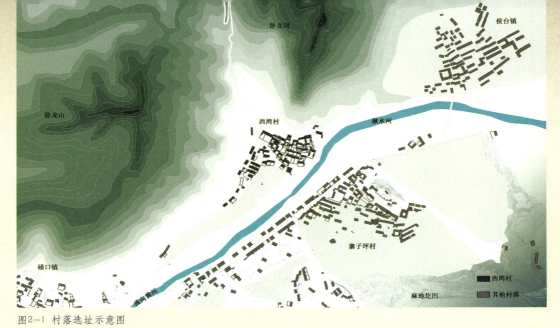

图2-1 村落选址示意图

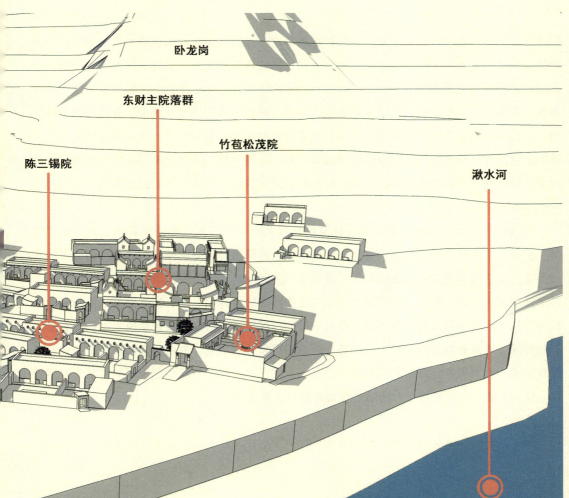

山｜西｜古｜村｜镇｜系｜列｜丛｜书

图2-3 西湾村建筑组团分析图

村落中的窑洞依山而建，共有三十几座宅院，坐落在约为30°的斜坡上，长约250米，宽约120米，院院相叠，布局紧凑（图2-2）。

西湾村的总体格局最具特点的当属"五行巷道，三个堡门"的防御系统。[1] 这个系统是西湾村的基本框架，发展成型于清乾隆年间。通过现存墙垛的遗迹，以及村民的口述，可以证实当时的这种格局。五条巷道将建筑分成了沿巷道两旁纵向生长的六个建筑群，这些建筑群本身又是统一的整体，同时，这五巷亦将所有宅院都联系在一起（图2-3）。建筑群互相之间都有小门连接各个院落，相互串联，布局精巧。整个村落又用堡墙围合，形成了浑然一体的堡垒式聚落，有很好的防御作用。陈氏家族当年在碛口做生意，西湾村更像是当时的家属区和仓库，于是防御性能成了村落的关键所在。与此同时，这五条巷随山势分布，北高南低，坡度陡峭，在村墙南侧还有两米宽的排水沟，这样雨季来临时，雨水能顺着巷道很快排到村墙南侧的排水沟里，进而排到湫水河中。

西湾村土地十分有限，所以居住建筑的北房几乎都为窑洞。因为窑洞可以向山体"索要"空间，尽可能地退出前面的空地以便建造更大的院落。如果院落采用纵向轴线生长的布局形式，上层的建筑就可以继续利用下层屋顶的空间，这样，下层窑洞建筑的屋顶便成了上层建筑空间的院落，而上、下院落之间通过正房两侧的楼梯相联系，如此往复。西湾村的居住院落从一层院落到四层院落不等，但以一层和二层居多。另外在每条巷道之上都有数量不等的券洞，联系着相邻的宅院。这样每个院落便可以前后相连，左右相通。村中部分建筑还设有暗道，更体现着良好的防御功能。如东财主院东院上院就与其西侧相邻的建筑有暗道相连，现如今暗门已经被堵上，暗道内也堆砌着村民家的杂物。

---

[1] 时至今日，由于抗日战争时期，日军前后八次的扫荡，现存堡门门扇已然不存，没有了往日的神采。

二、街巷空间格局

　　西湾古村中主要的街巷共有6条（图2-4），分别是村南侧的槐树街以及贯通整个村落的五行巷道，均用石板铺设而成。槐树街尺度相对较大，坡度也相对较缓，是村民群聚活动的主要场所；而五行巷道坡度较陡，宽度也相对较小。这些巷道随山势曲折变化，其高宽比在0.3~0.9之间（表2-1）。

　　村中有两处主要饮用水源（图2-5）：一处为槐树街起点处的一口水井（图2-6），这是村民们主要的取水处之一；另一处是卧龙岗与卧龙山之间的山脊中泉水。据村民说，尽管村里于2000年通了自来水，但是由于自来水水质的问题，村民仍然喜欢取井水使用。

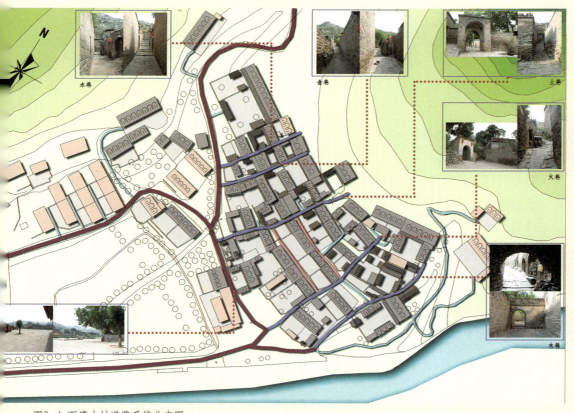

图2-4 西湾古村道路系统分布图

街巷名称	路宽 D (m)	剖面示意图	街巷宽高比 D/H
槐树街	3.5~4.5（双面围合）		0.7~1.4
木巷	1.5~3.9		0.4~0.9
火巷	1.8~2.6		0.3~0.7
土巷	2.4~3.1		0.5~0.9
金巷	2.0~3.3		0.4~0.8
水巷	1.9~2.8		0.5~0.9

西湾古村落各街巷高宽比统计　表2-1

图2-5 水源分布

图2-6 村口水井

1.村民主要活动场所——槐树街

　　槐树街自古村东南角的槐树街广场开始，顺着堡墙一直延伸到村落西北角的西财主院前。槐树街不仅连接着两条入村的道路和一条去往前后山村的道路，同时也是堡墙外连接五条巷道的主要道路。道路两侧的建筑和广场将槐树街很好地围合，使得街道空间非常丰富，由开敞到狭窄再到开敞，张弛结合，有很强的韵律感。

　　西湾南侧的堡墙将整个西湾村大部分的建筑包含在内，而堡墙外的建筑多是陈家仆人（多为外姓）所有或者是后期所建。山上的建筑十分紧凑，没有多余的空地供村民聚集，而村前的槐树街以及槐树街广场刚好提供了这样的场所，供村民们茶余饭后聚集、聊天[1]。

---

1 槐树街广场对于村民们来说是闲来聚集的场所。村民们喜欢坐在新修的游客接待中心北侧台阶上聊天，或是端着饭碗，或是打着毛衣，或是摆个摊位卖些小古玩和手工艺品。而对于游客而言，这里是可以纵观全村景色的绝好位置，往来的游客都要在这里驻足观赏景致。槐树街广场往西，两侧的建筑立刻将街道的狭长感觉凸显出来。走过这段，南侧又是开阔的广场。这里是新修的村民娱乐广场，有些许健身器械，密植了树木，并且在边界处用拴马石和石墩围合，是村民乘荫纳凉以及休闲健身的好去处。对应的北侧是陈氏祠堂，再往西走还有新建的村委会和卫生所以及思孝堂。槐树街将村中的主要山巷、广场以及公共建筑很好地串联起来。

2. 功能齐全的街巷——五行巷道

（1）概况

西湾村的五条巷道最终形成于乾隆年间，由不同时期修建的院落围合而成，顺应地势并且联系整个村庄院落。关于巷道的命名有多种说法，村中盛行的一种说法是这五条巷道分别对应了五行，于是巷道也以五行命名，从东到西依次为木巷、火巷、土巷、金巷和水巷。这五条巷道将村内所有宅院连在一起，并且各个宅院之间也都有小门相连通，随便进入一个院落就可以游走全村而不用出堡墙，于是有了村民口中"户户相连，院院相通"的说法。这样的设计不仅可以解决村内的水平交通问题，也有利于防御。

（2）木巷

第一条巷，也就是木巷（图2-7、图2-8），位于村落的最东侧，入口东侧的院落为竹苞松茂院，院墙上题有"西湾村"三字，为罗哲文[1]先生所题。进入堡门，西侧便是东财主东院，前后三层。东财主下院院前有少许空地，种了一颗枣树，院墙上有两个拴马石，古时供来访客人系马。沿木巷往上走，道路弯曲有致，两侧高大的院墙挡住了前方的些许视线，但又能看到些景致，别有

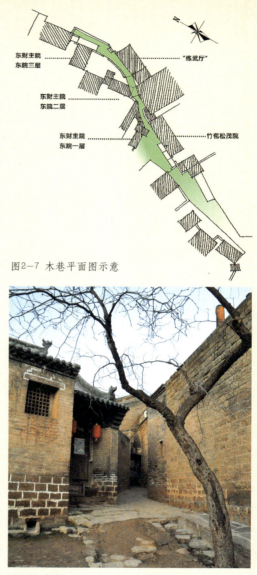

图2-7 木巷平面图示意

图2-8 木巷

---

1 罗哲文（1924～2012年），中国古建筑学家，四川宜宾人，1940年考入中国营造学社，师从梁思成先生，曾任国家文物局古建筑专家组组长、中国文物学会会长、全国历史文化名城保护专家委员会副主任、中国长城学会副会长等职，主要著作有《中国古塔》、《中国古代建筑简史》、《长城》、《长城赞》、《长城史话》和《中国帝王陵》等。

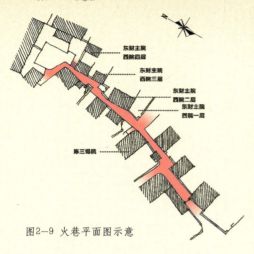

图2-9 火巷平面图示意

一番韵味。再向上走是一券门，明暗交错使得巷道除了交通之用外更多了份空间体验。木巷的尽头延伸到山体。在巷道东侧有一道人工挖掘的泄洪渠，地势相对巷道较低，东侧筑高墙围合村落。雨季时，雨水自山上而下，流经泄洪渠沿着木巷排出堡门。

(3) 火巷

第二条巷为火巷（图2-9），入口被两边院墙围合，形成道路，入口处设一堡门，有木制门扇（原门扇已毁）。火巷与土巷之间有两条东西走向的巷道，南侧一条还设有内堡门。两条东西巷道两侧院落为西湾村最早的窑洞建筑群，陈儒公及陈三锡的院落便坐落于此。其中陈三锡院及其旁院落损毁严重，现已无人居住，杂草丛生。火巷与木巷之间还有一小道，位于东财主院下院前。村中众多东西向的巷道与火巷都有交汇，从另一方面也可佐证火巷西侧的区域曾经是整个村落的中心地带。巷道为石块铺设，每隔几米便设有一小级台阶，常年使用致使中间略有下陷。巷道两旁的院落都砌筑着高耸的院墙，巷道最窄处宽高比仅0.3。虽然现

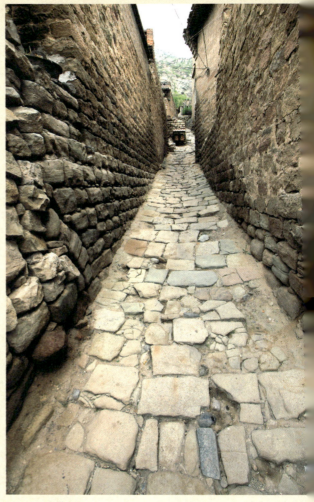

图2-10 火巷

部分院落院墙损毁，但仍能感受到村落如同堡垒般的防御功能。漫步其中，仿佛回到那个年代，感受这份历史的厚重（图2-10）。巷道末端有两条支路，分别是两个尽端院落的入户小路。

（4）土巷

第三条巷为土巷（图2-11、图2-12），土巷入口正对村民休闲广场，东侧为陈氏祠堂，西侧为"欲绍先谟"牌，堡门门扇已毁。进入土巷，左侧有祠堂向巷道开启的旁门，高于巷道，设一斜坡下。沿着巷道往前几步，东侧为"明经第"院，砖砌墙面腐蚀严重。"明经第"院所对巷道西侧院落院墙略向里退，形成一个小型的退让空间，置一石板以为石凳，供人休憩（图2-13）。其旁的院墙上镶嵌一块"泰山石敢当"（图2-14）。巷道拐角处是岁进士下院，其宅院入口退后，形成空间。[1] 从岁进士院落伊始，建筑略向东建造，于是在此形成了土巷的转角，将土巷分为两个部分，通过转折使空间具有变化，给人以丰富的空间感受。转折向上，有一券洞横于巷道之上，联系岁进士院与旁边院落。券洞原有木门（已损毁），洞口犹如画框，框住了所对景色。出券洞，东侧为第二道横巷，由坡道连接，由此而上北侧为"陈满琳院"。巷道西侧是岁进士上院，与下院类似，也退让出入口空间，使大门平行于巷道。土巷结尾处有一内堡门及一简易券洞，联系着两边的院落。

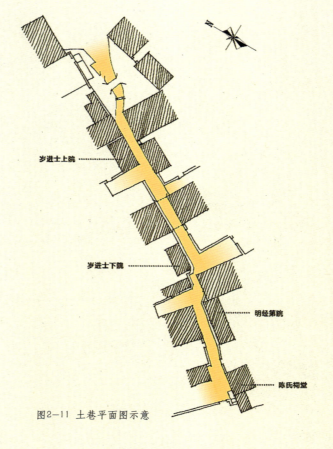

图2-11 土巷平面图示意

---

[1] 现户主在原入口前空地盖一简易旱厕。

|山|西|古|村|镇|系|列|丛|书|

图2-12 土巷

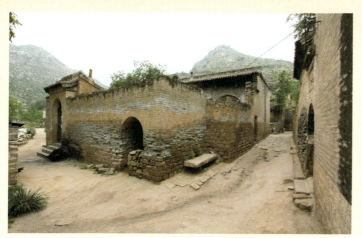 

图2-13 土巷入口处空间　　　　　　　　　图2-14 土巷内的泰山石敢当

（5）金巷及水巷

第四条和第五条巷道分别为金巷（图2-15）和水巷（图2-16、图2-17），相对前面叙述的巷道较短且直，空间变化较少，但由于不同高度院墙的围合，巷道中的堡门等都使得巷道具有较强的空间体验性（图2-18、图2-19）。

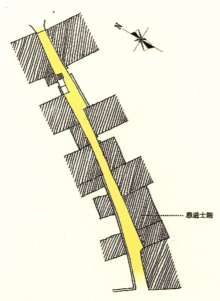 

图2-15 金巷平面图示意　　　　　　　　　图2-16 水巷街道透视

| 山 | 西 | 古 | 村 | 镇 | 系 | 列 | 丛 | 书 |

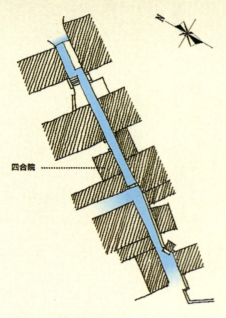

图2-17 水巷平面图示意

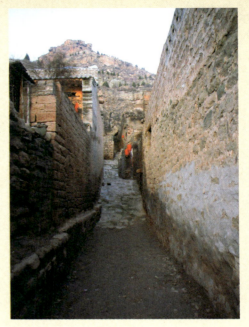

图2-18 金巷

村中五行巷道两侧院落的院墙都相对高大，无疑增加了堡寨性古村落的森严感，形成了封闭的聚落特质；空间中的直线、平面、曲面的多种组合，也丰富了空间的艺术效果。漫步其间，仿佛时空流转，随着这陡峭的山路一同回到那个繁荣鼎盛的西湾时代。

总体来说，西湾村的道路体系不仅仅有交通功能，同时被赋予了日常活动、娱乐、排水和防御功能，此外，还具有十分丰富的空间体验。

图2-19 水巷

3. 街巷的空间及功能

(1) 道路交叉口

西湾村中的道路交叉口（图2-20）形态活泼，多出现在五行巷道与横向小巷连接处，路口的主要形式有丁字形、放射形以及十字形。丁字形道路交叉口主要存在于横巷与入户巷道连接处，有高差，坡度较陡，放射形的道路交叉口主要因为巷道连接处院落的不规则院墙所形成，基本没有坡度，空间变化多，空间感受丰富。十字形的道路交叉口较为普遍，坡度变化多，上行下行交错，使这里的空间立体感十足。

交叉口类型	示意图	空间描述
丁字形	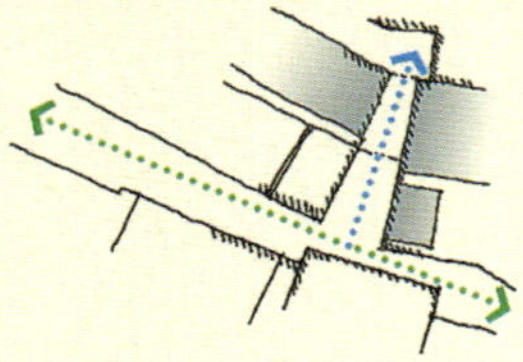	主要存在于横巷与入户巷道连接处，存在高差，坡度较陡
放射形	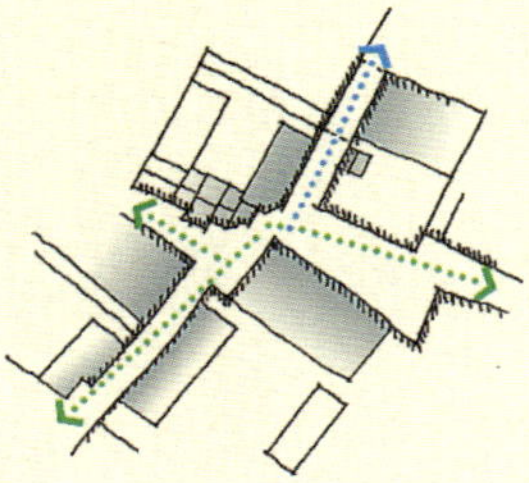	主要因为巷道连接处院落的不规则院墙所导致，基本没有坡度，空间感受丰富
十字形	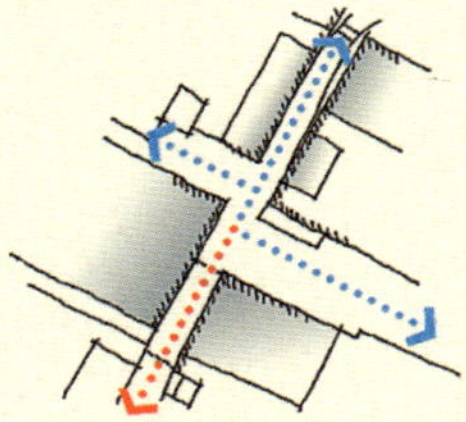	岁进士上院入户空间的与巷道之间横巷在土巷中部交汇，形成了十字形的路口空间
十字形	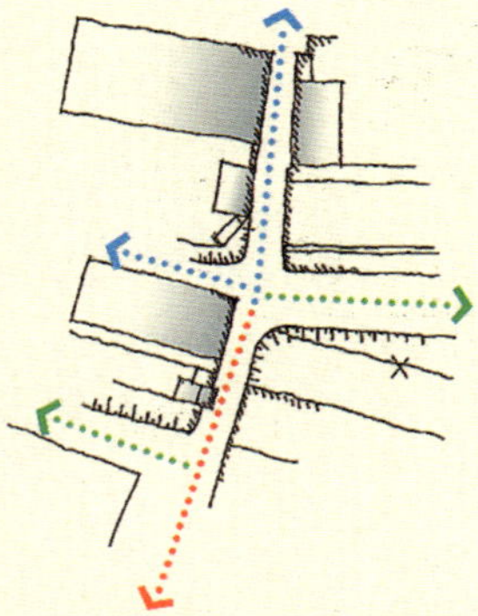	火巷中部的十字路口空间，坡度变化较多，上行下行交错，空间立体感十足

······▶ 下行　······▶ 上行　······▶ 平行

图2-20 西湾村交叉路口空间形态示意

（2）排水功能

村落建于卧龙岗山坡上，地势较高，即使雨季湫水河泛滥，也不会冲毁房屋。于是村落防水的重点是如何将山上及村中的雨水快速有效地排出村落，进而排至湫水河。

西湾村有着一套非常严密完善的排水系统，五行巷道顺应地势，由北向南逐渐降低，利用排水沟渠、地漏以及排水口等将各家各户的雨水汇聚（表2-2），排到堡墙南侧的排水

西湾村重要院落排水系统实例列表　　　　　　　　　　　　　　表2-2

院落	排水沟、地漏及屋面出水口照片			
竹苞松茂院				
东财主东院				
东财主西院				
岁进士上院				
岁进士下院				
四合院				

沟，再由排水沟进而排到湫水河。各个院落都有多种排水方式，平屋顶通过设置在屋顶的排水口将雨水直接排至村中的巷道，院内的雨水可以经散水坡汇聚到雨水口，进而排到村中的巷道。总之，院落中的雨水最后都汇聚到了五行巷道上，可以说巷道排水是西湾整个排水系统的最核心的部分（表2-3）。

西湾村巷道排水系统实例列表　　　　　　　　　表2-3

街巷	排水沟及其他院落出水口照片
木巷	
火巷	
土巷	
金巷	
水巷	

(3) 通风与遮阳功能

西湾村地处中纬度地区，属于暖温带大陆性气候，夏季炎热。虽然窑洞建筑以室内凉爽著称，但街巷及院落等室外空间在夏季的通风降温仍十分必要。数据统计显示，南北风为西湾村的主导风向，而村落布局也顺应了风向，夏季白天阳光辐射加快湫水河水面空气对流，傍晚形成凉爽河风吹向街巷之中，另外北面靠山的植被在白天也降低了山体的温度（图2-21）。

西湾村街巷高宽比较大，即使在较大的太阳高度角变化范围内，街巷空间依然有良好的遮阳功能（图2-22）。

图2-21 西湾村夏季温度调节分析

图2-22 西湾村巷道遮阳

三、节点空间

凯文·林奇在《城市意象》中指出："节点或者可说成交通线上的一个突变，对城市观察者来说是很重要的。因为人们在这里必须作出抉择，他们要集中注意力，更清楚地感觉周围环境。"传统古村落的节点空间往往与街巷密切相关，或在起始点，或在中间部位，抑或是街巷之中有特色的空间。这些节点空间往往具有多重功能特性，如交通、生活休闲、景观塑造、视觉中心、空间构成等。其中，对于村落使用者来说，最重要的还是前两个功能。交通功能自不必说，生活休闲其实是人们交往需求的一种体现。扬·盖尔在《交往与空间》中说道："城市公共空间或住宅区中见面的机会和日常活动，为居民间相互交流创造了条件，使人能置身于众生之中，耳闻目睹人间万象，体验到他人在各种场合下的表现。"事实上，西湾村也确实如盖尔所说，在诸如"槐树街广场"这样的节点空间有形式多样的人际交往发生，丰富了村民的生活，也增进了村落内部的凝聚力。

1. 村前广场

西湾村创立之初，便选址在山坡上，希望尽可能地让出更多的平地供后世子孙种地之用，于是可以看到，西湾村前沿湫水河岸边有一片平地，至今仍为西湾村的耕地。由于村内空间布局紧凑，并没有多余的空地，村前空地被西湾村人用作休憩娱乐和集会的场所，并沿用至今。空地的中心有一棵槐树，相传为儒公所栽，于是以"槐树街"命名。古树已死，现在原址上新栽有槐树一棵(图2-23)。

图2-23 槐树街及槐树所在区位

图2-24 槐树街空间示意

据年长的村民描述，槐树街广场(图2-24)在其鼎盛时期十分热闹，东面搭有简易戏台，高约两尺，四角用十分敦厚的石墩支撑，顶端各开一小孔，插上木棍，用以张挂帷幕，每逢喜庆节日或丰收之时便有节目呈现。[1]

当时，在槐树街旁，有石砌的台阶，台阶上放有木制水桶，是为了人们随时担水之用，用后又放回。一件小事体现出西湾良好的社会风气以及西湾人民乐善好施的一面。

---

[1] 如今的槐树街在旅游开发之后换了一个面貌，新修的游客接待中心，已然成为入村标识。还有新栽的槐树以及新修整的路面，唯一不变的是西湾村人对槐树街的热爱，这里仍然是村民休闲的最佳去处，在槐树街旁支一棚子，几人围坐，择菜、打牌、唠家常，其乐融融。可以说，槐树街广场给了整个村落以灵气，让这个城堡式的村落少了几分冷漠，多了几分亲切。

2.入口空间

建筑入口与街巷的关系可分为面向街巷式、平行街巷式以及高于街巷式三种类型(表2-4)。面向街道式是将大门直接开向街巷,应用于布局紧凑没有过多入口空间的院落;平行街巷式是院落向后退让,在院落与前一个院落之前空出一入户小道,于是大门朝向可以与街巷平行,这样大门不仅可以更好地保证私密性,还可以做更为精致的雕刻和装饰;高于街巷式多出现在巷道结尾几处的院落入口处,这些院落

西湾古村居住建筑入口形式分析　　　　　　表2-4

编号	实景照片	入口平面形态	宅院	周边街巷	与街巷的关系	形态分析
1			陈三锡院	火巷	面向	西湾村最普通的入院方式,其优势在于院门与巷道直接联系,流线简洁
2			四合院	水巷	面向	入口设一级台阶,将入口与倾斜向上的巷道很好地衔接在一起
3			竹苞松茂院	木巷	平行	此类入口一般为较为气派的院落使用,与巷道平行的布局让门楼可以丰富其装饰艺术性
4			岁进士下院	土巷	平行	此类入口依赖于院落之间的退让距离,形成单独的入口空间,增强宅前空间的领域感
5			东财主东院上院	木巷	高于	此类入口多位于巷道尽端,因为院落与巷道上升高度不同所致,这种形式很好地限定了入口空间的领域性
6			土巷尽端院	土巷	高于	高于巷道的入口布局形式,入口处的视线太高,对于高处的院落而言,提供了很好的入口景观视线

入口相对较高，设有缓坡或台阶，是为了在街巷结尾处形成有趣的空间，也为了与排水沟渠分离。

3. 券洞空间

券洞是西湾村水平交通中重要的组成部分，也是巷道空间重要的构成要素。村中共有三处券洞，一处位于木巷，两处位于土巷。

位于木巷的券洞（图2-25）为石锢拱券形式，坡度相对平缓，长约7.5米，宽约2.5米，高约2.7米，洞口相对较大，光线充足。券洞以上是连接东财主东院练武厅的过道。券洞将木巷空间分成了两个部分，券洞以南的巷道弯曲有致，相对平缓；券洞以北的巷道较为陡峭，视线从洞中的狭窄一下变得豁然开朗，高耸巍峨的堡墙，精致的木构练武厅，古时的建筑风貌尽收眼底。当穿越券洞时，经历视野的开—闭—开以及明—暗—明的转换过程，同时由于巷道的曲折变化，给人强烈的步移景异的空间感受。行走其间，必定会因券洞丰富的空间变化留下深刻的印象。

另外两处券洞皆位于土巷（也就是第三道巷道）。一处位于巷道中部（图2-26、图2-27），为联系岁进士下院与巷道另一侧的院落而修建，长约7.5米，宽约2米，券洞之上原有建筑已损毁。这处券洞与木巷的券洞不同，首先，券洞为砖石砌筑，下为石砌，上接

图2-25 木巷券洞

图2-26 土巷内的中部券洞

图2-27 土巷中部券洞

砖券，立面砖砌，原南侧安有门扇，做内堡门之用，现已不存；其次，洞口相比较小，显得更为瘦长；再者，在券洞空间联系巷道两侧笔直而上，没有弯折。这些不同构成了不一样的券洞空间体验，如果说木巷的券洞是为了营造步移景异的效果，那么此券洞则起到了框景的作用，仿佛要将前方极富立体感的空间框入其中。

　　土巷尽头仍有一券洞（图2-28、图2-29），长约1.8米，宽约2.2米，工艺较为简单，为石块砌筑，其上并无建筑，只有一条小土道联系着两边的建筑外部空间。主要供东侧院落侧门出入巷道使用，实际用处大于空间效果。总结西湾村的券洞空间，虽只有寥寥三处，但每一处都是空间利用的典型，对于券洞空间的建筑艺术效果有着很好的诠释。

图2-28　土巷内的尽端券洞

图2-29　土巷尽端券洞

[第二章]

居住建筑
JUZHUJIANZHU

一、居住建筑概述

西湾村(图3-1)现存的历史建筑以居住建筑为主[1](图3-2),约占95%。这些居住建筑依附着山体层层向上,格局规整,形式大方,装饰精致,整体恢弘而大气(图3-3)。

图3-1 西湾古村民居群

---

[1] 西湾村现存的历史建筑大致可以分为两类,一类是民居建筑,占西湾建筑总数的95%,另一类则是包括祠堂、墓阙、牌坊等的公共建筑。

| 山 | 西 | 古 | 村 | 镇 | 系 | 列 | 丛 | 书 |

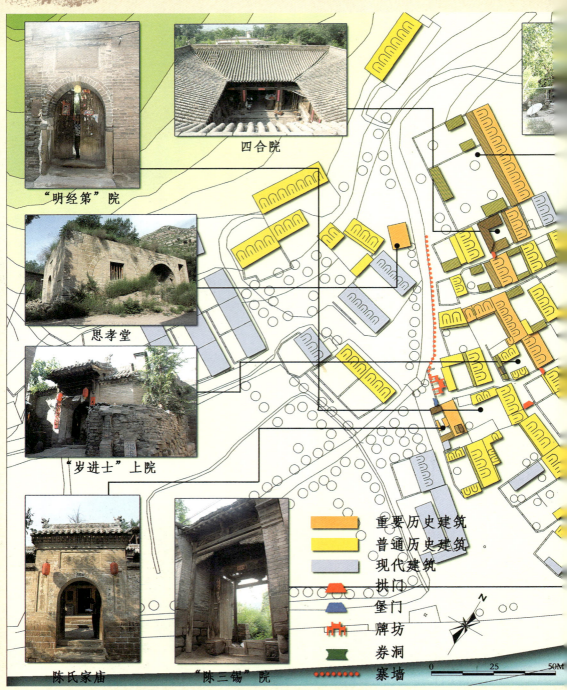

"明经第"院

四合院

思孝堂

"岁进士"上院

陈氏家庙

"陈三锡"院

重要历史建筑
普通历史建筑
现代建筑
拱门
堡门
牌坊
券洞
寨墙

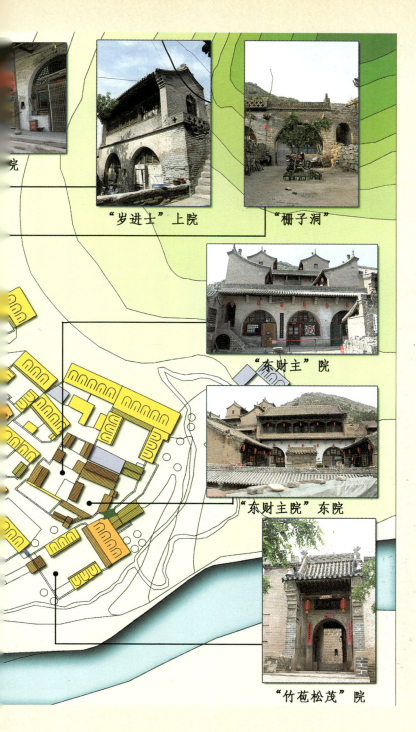

图3-2 遗产资源分布图

图3-3 西湾村鸟瞰

1. 建筑形制

西湾古村传统民居以"北楼南厅、东西配房"式合院为主(图3-4)。"北楼"指正房第二层的木构架砖瓦房,是招待客人的厅堂;正房第一层通常为三孔或五孔窑洞,中间一孔为堂窑,两侧的窑洞供居住使用;"南厅"指南边的倒座,作为过厅或门厅使用;"东西配房"指东西厢房,大多为木构砖瓦房,也有少数窑洞,有的东西配房也是两层建筑。由于西湾是碛口富商居住的地方,因此在防御上下了很大的工夫,家家户户四面高墙筑起,院落的围合感很强(图3-5)。

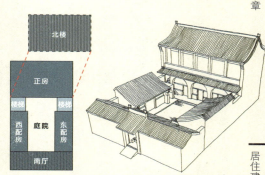

图3-4 "北楼南厅,东西配房"式院落示意图

2. 院落组合

古村以"北楼南厅、东西配房"式合院为基本母体，根据地形和基地作相应调整，并通过对母体的组合，产生多种院落的衍变形式（图3-6、表3-1）。其中横向并联为由腰门连接两个合院，或增加旁院或外院的形式；纵向串联为以楼梯作为纽带的合院串联形式（图3-7），有的长达四进院落。同时，为了节省赖以为生的土地，西湾村坐落在30°的山坡上，而建筑多为劈山而建的窑洞，院落布局紧凑，下面院子正房的屋顶是上面院子的庭院，称为"脑畔"，在纵向串联的同时又提高了深处院落的高度，增加了进深感和立体感。院落层层叠叠，形成了"立体交融式"的独特景观。

图3-5 防御功能很强的院落

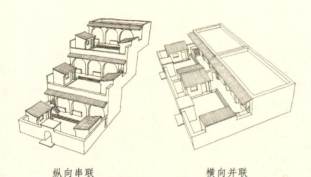

纵向串联　　　　横向并联

图3-6 两种不同的院落组合形式

图3-7 纵向串联的院落

西湾民居建筑形式分析表　　　　　　　　　　表3-1

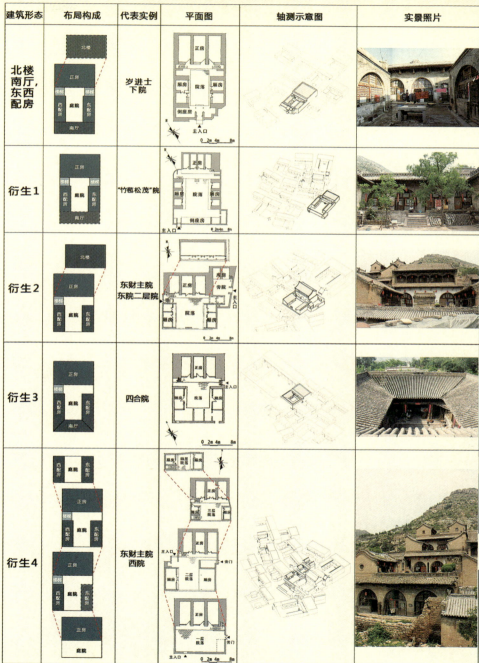

西湾古村典型院落一览表　　　　　　　表3-2

院落名称	正房屋檐形式	正房规模	厢房结构	代表人物	选址区位	描述
岁进士院落群	无根厦檐，岁进士上院一层为明柱厦檐	3孔	窑洞	陈秉谦、陈中槐	第三条巷中上端部	典型的"北楼南厅，东西配房"式院落格局，岁进士上院有西湾仅存的配房二层
东财主院落群	无根厦檐	3孔	木构砖瓦房	——	第一与第二条巷中部	上下四层、东西两组院落组成的立体式院落群，东财主东院有西湾村仅存的"北楼"
"竹苞松茂"院	明柱厦檐	4孔	窑洞	陈汝银	村东南角	大门装饰精致华丽
四合院	无根厦檐	3孔	木构砖瓦房	"振兴玺"	第五条巷中部	院内建筑连为一体，防御性很强
西财主院	明柱厦檐	9孔	——		村西北角	正房一排9孔窑洞，明柱厦檐颇有韵律
"陈三锡"院	无根厦檐	3孔	——	陈三锡	第二条巷中部	大门彩画装饰精美，文化气息浓厚
恩进士院	无根厦檐	5孔	窑洞	陈满瑜	第四条巷中部	正院和旁院通过月亮门相连接

3. 建筑形式

西湾的建筑以窑洞为主，这主要是由于西湾地处黄土高原，深层黄土的黏性较强，很

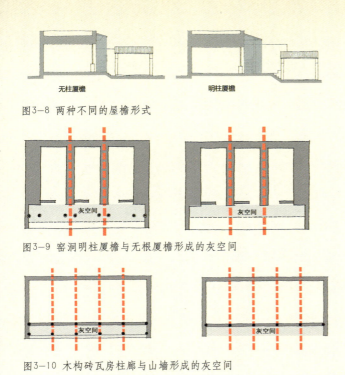

图3-8 两种不同的屋檐形式

图3-9 窑洞明柱厦檐与无根厦檐形成的灰空间

图3-10 木构砖瓦房柱廊与山墙形成的灰空间

难渗水、并且直立性较好,为窑洞的建造奠定了材料基础;再加上气候比较干旱,窑洞的使用寿命长。西湾的窑洞按建筑材料分为石窑洞和砖窑洞,石窑洞取材方便,外观粗犷;砖窑洞纹理细腻,砌筑精良。按建造形式分,主要有接口窑和锢窑两种形式。接口窑是指为了防止窑口处因为长久的日晒雨淋而毁坏,用砖或石块在窑口处接上一段,以延长窑洞的使用寿命;锢窑则是直接用砖或者石块碹出窑洞。按屋檐形式又可以分为明柱厦檐和无根厦檐两种形式(表3-2),两者的区别在于窑洞前面有没有柱子形成的灰空间(图3-8、图3-9)。窑洞洞口上方通常是石质的耍头,上铺厦檐,平屋顶围有女儿墙,多为十字花样式。西湾村除了窑洞以外,还有木构砖瓦房(图3-10),立面各具特色(图3-11~图3-13),丰富了西湾村的建筑形制及立面外观。西湾的木构砖瓦房多为硬山式,条石基础,砖砌墙体,屋顶形式多种多样,有单坡顶、双坡顶、卷棚顶等,多用于厢房和倒座房。

图3-11 建筑结构分析图

图3-12 西湾民居木构砖瓦房典型立面

图3-13 西湾民居窑洞典型立面

4. 窑洞形式与室内布局

　　窑洞开间约3~4米,进深5~8米,高3~4.5米。西湾村的窑脸上部是由两个等半径圆弧相交而形成尖券形式,下部为矩形。木制门窗,窗户不能开启,一般有方格花纹样式;窗下墙一般由小砖砌成。窑脸分为两种(图3-14),一种门在一侧,窗户在另一侧;第二种是中间门两边窗的形式。窑脸的形式由窑洞内部布局决定,而室内的主要家具是火炕和灶台(图3-15)。火炕分为掌炕和窗下炕,掌炕在窑洞的最深处,贴墙横向布置;此时,灶台则在炕前,靠侧墙设置;这种室内布局的形式所使用的窑脸为中间门两边窗的形式。窗下炕则在窑洞的外侧,纵向靠一面侧墙布置;这种情况下,灶台则设在火炕的后面,靠墙摆放;这种布局所对应的窑脸为门窗分居两侧的形式。西湾的大部分窑洞的室内布局都是窗前炕后面接灶台的形式(图3-16)。

图3-14 西湾民居两种窑脸典型立面

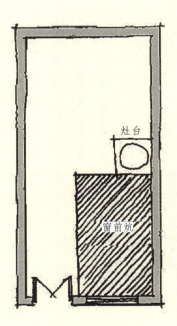
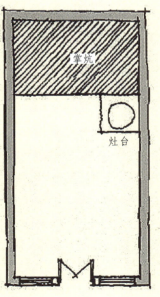

图3-15 西湾民居窑洞内两种布局形式

|山|西|古|村|镇|系|列|丛|书|

图3-16 西湾民居室内布局与家具

5. 建筑风水

西湾的建筑也有自己的风水讲究。比如一排窑洞的数量要为单数，若是不够单数，则在窑腿上挖出一个窑洞形状的佛龛，以凑为单数。房屋的屋顶多数为单坡，并且向院内倾斜（图3-17），一方面，下雨的时候可以在院内接到在西湾比较紧缺的水；另一方面，取"肥水不流外人田"之意，以表吉利。

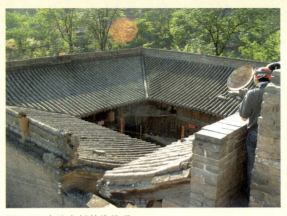

图3-17 向院内倾斜的屋顶

西湾的民居建筑尺度宜人，虽然基本都为"北楼南厅、东西配房"的形式，但是由于山地地形复杂、用地紧张，每个院落不尽相同，各具特色。下面分析研究西湾村几处重要的宅院。

二、东财主院落群

1. 概述

东财主院落群位于西湾古村东部（图3-18），几乎占据了木巷与火巷之间的整个地块，是西湾规模最大、保存最为完好的院落群。东财主院落群相传为陈家从内蒙古还乡的陈三平子嗣所建，但建造年代已无从考证。

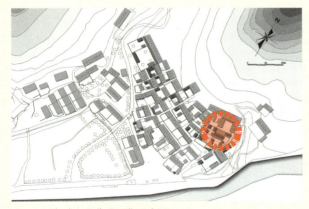

图3-18 东财主院落群区位示意图

东财主院落群坐北朝南，略偏西，沿山体逐层向上，呈阶梯状分布，由南侧的一个花树院、东侧的练武厅和东西两组纵向院落（即东财主东院和东财主西院）组成（图3-19）。两组院落又分别有三层和四层院落。这七个院落的基本形制相似，并以院落为基本单元，横向通过腰门、纵向通过楼梯相连接，各层院落既互通互连，又直接通向巷道。整个院落群空间丰富，上下左右组织结构简单而有效。

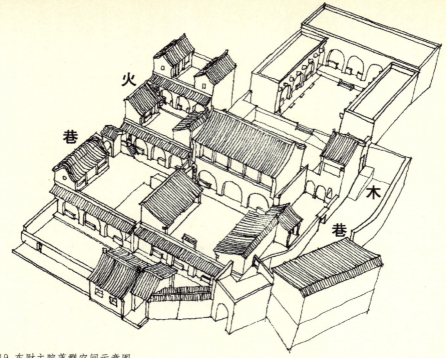

图3-19 东财主院落群空间示意图

2.东财主东院

东财主东院位于木巷西侧，西接东财主西院，俯瞰"竹苞松茂"院。院落嵌入山体中，面向正南偏西，三层院落呈纵向串联分布，第一层原为账房经理的住处，上面两层院落供主人居住。第二层、第三层院落依次退台叠起（图3-20）。

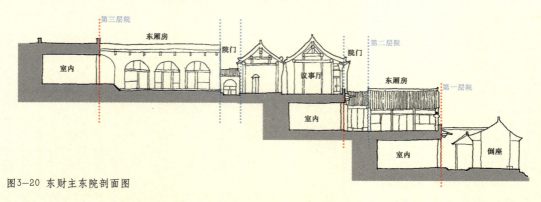

图3-20 东财主东院剖面图

图3-21 东财主东院第一层院落大门外部

图3-22 东财主东院第一层院落大门内部

（1）第一层院落

第一层院落大门（图3-21、图3-22）装饰华丽，外侧下有门当，上有户对，门板上有门钉，门框上有一匾额，上书"福履长新"四字，匾额外有额枋、花栱和两个倒吊垂花，雕刻十分精美。大门内侧带有中门，鼓形柱础，上有一木匾，朝向大门的一侧写有"忠信笃敬"，朝向庭院的一侧写有"寿山福海"四字。大门屋顶有飞椽两层，上盖筒瓦，顶部有望首六座。

第一层庭院（图3-23）长4.5米，宽14.5米，呈狭长矩形，小砖铺地。东边的倒座是马房、草房和灶台，西边为厕所和管账房。北侧的正房为三孔砖箍窑，无根厦檐，中间一孔为堂窑，是待人接客的场所，两侧居住。庭院西侧有一腰门与东财主西院的一层院落相连。正房东侧窑腿边上有楼梯通往二层院落，现已堵上无法通行。

(2) 第二层院落

图3-23 东财主东院第一层院落俯瞰

沿着木巷往上走，过了券洞便是东财主东院的第二层院，是典型的"北楼南厅、东西配房"院落形式，并横向延伸出外院（图3-24）。外院长15.5米，宽5.3米，形成了从巷道到内庭院的过渡空间，既保证了内院主人生活的私密性，同时也加强了内院的安全性。外院里摆着碾磨组合（图3-25、图3-26），北侧有两孔石锢窑，东边一孔的窑腿边上有楼梯通往三层院落。外院南侧有几级台阶，顺着台阶上去便是架在木巷之上的券洞顶部。券洞如同过街楼，对分隔和营造街巷空间有重要作用（图3-27）。由于券洞顶部可以人行，所以它同时又给人空间渗透与连通的感受。而与其他券洞不同的是，这个券洞还具有防御的作用。两侧墙上有半皮砖见方的洞口（图3-28），或为瞭望口，可能当时有下人把守于此，以保证院内安全。跨过券洞，巷道的东侧有间木构砖瓦房，据传以前是个练武厅。

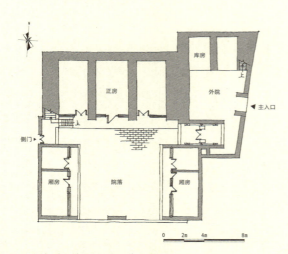

图3-24 东财主东院二层院落平面图

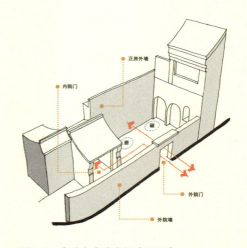

图3-25 水平方向的空间处理示意

图3-26 东财主东院第二层外院石制碾

图3-27 东财主东院第二层院落大门、巷道券洞和练武厅

图3-28 券洞上的洞口

外院西侧中部为通向内院的大门（图3-29），做法十分精美。门前有两根立柱，柱下为鼓式柱础。柱子与梁枋之间有木制挂落（图3-30），雕刻细腻的流水纹样，柱上梁枋正面刻有呈菱形花瓣分布的花纹（图3-31）。门楣上的木板刻有镂空的雕花样式，共有五组，每组雕花各不相同，从左至右分别雕刻兰花、菊花、牡丹、梅花、荷花，有清雅及不畏严寒等特征，象征着院主高洁的品格。而牡丹作为"花中之王"，雕刻正中，有富贵吉祥、繁荣兴旺的寓意。门内驼峰[1]（图3-32）雕刻成菊

---

[1] 这里所指的驼峰，是正门上在横梁与檩条之间的支撑构件，多附有花样精美的雕刻，内容各异，奇花异卉、飞禽走兽、历史人物、经典故事，无不栩栩如生。

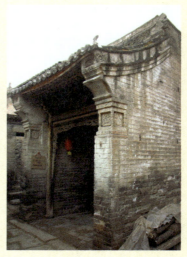

图3-29 东财主院东院第二层内院与外院之间的大门

花花瓣样式。额枋上雕有菊花纹饰，凹凸有致。额枋上架有三个耍头，耍头上放檩条，上装椽子、望板和飞子，上盖筒瓦。门扇相对比较朴素，两边放有方形门枕石，上有狮子叼绣球，两只狮子形态各异。门扇之上有户对，户对上有花卉镂雕，上枕一额匾，题有"居仁由义"四字。大门两侧山墙上的墀头也是精妙绝伦，下墀头为方形三面纹，各有四根短的装饰柱，三面的花纹也不相同。

图3-30 东财主院东院第二层大门挂落　　　　　　　图3-32 东财主院东院第二层院大门内驼峰

图3-31 东财主院东院第二层大门额枋及门楣雕刻

图3-33 东财主东院第二层院俯瞰　　　　　　　图3-34 东财主东院第二层院西配房

内院呈方形对称布置（图3-33），东西配房各为三开间木构砖瓦房（图3-34），进深3.3米，单坡硬山屋顶，上盖筒瓦，屋脊上雕有莲花纹样。山墙上的墀头保存相对完好，与大门的方形三面纹形式相似，雕刻多为花卉纹样。

庭院的南侧有一砖砌的照壁（图3-35），中间挖出一个神龛，照壁上盖筒瓦，有吻兽。照壁既保证了庭院的空间趣味，又让庭院显得不至于太过空旷，同时其上的神龛成为正房的对景和庭院内视线的终点。

正房为三孔石窑洞，开间4.5米，进深6.8米，无根厦檐，屋檐下有两层耍头。西侧窑洞前有楼梯，中间平台处有一小门，可通往东财主西院的二层院落，顺着楼梯往上走便是正房上的楼阁。

此楼阁是西湾仅存的"北楼"（图3-36），以前作为"议事厅"使用，五开间双坡木构砖瓦房，每间面宽2.82米，进深5.87米。房前有六根柱子支撑屋檐，形成半室外的灰空间（图3-37）。柱下鼓形柱础，柱础上有点状花纹。柱子与额枋相交的地方有花式穿插梁；额枋下有雀替，中间一间和两头的两间为云纹，其余两间为花绕回字纹；额枋上每间有3个斗栱，共15个，同样有云纹式和回字纹式。中间三间各有两扇门，旁边两间只有窗户，花窗式样复

图3-35 东财主东院第二层照壁

图3-36 常顺和堂宅第二层院落

杂,做工精美。当中一间上挂有一新牌匾,上写"三仙如意"。东西两边山墙上的墀头雕刻十分复杂,上面先有一层祥云花纹,下面五层为凹凸有致、层次分明的雕花,接着是方形三面纹,雕刻传统神话中的灵物,再下面又是五层雕花,最后是一层三角形的鹰头雕刻,仿佛整个墀头嵌在山墙上。楼阁的屋顶为抬梁式(图3-38),室内宽敞明亮,东西两侧各有一个隔间,里面各支一张炕,西边的炕上还摆放有一张黑色琴桌,雕刻有镂花,做工精美。东西隔扇的上方各放有一块牌匾,东边"福如东海",西边"寿比南山"。屋前的走廊东侧山墙上有小门可以进入第三层院落。这座"北楼"恢弘大气的空间却又精美细腻的做工实在令人叹为观止,也成为东财主东院轴线上空间序列的高潮。

图3-37 东财主东院二层大楼外的灰空间

图3-38 东财主东院二层大楼内部

山 | 西 | 古 | 村 | 镇 | 系 | 列 | 丛 | 书

(3) 第三层院落

木巷最末端西侧便是东财主东院第三层院落的大门（图3-39、图3-40）。进入大门，上一段坡道，才能看到庭院。南边的倒座大部分已经损毁，只剩下东侧的一间角楼（图3-41）。这一角楼颇有特色，是西湾少有的对外大面积开窗的一个，从南向的窗户可俯瞰整条巷道。

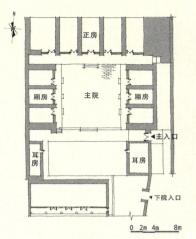

图3-39 东财主东院第三层院落平面图

图3-40 东财主东院第三层院落入口

图3-41 三层院落角楼

图3-42 东财主东院第三层院落正房和庭院

院内对称布置，东西配房均为3孔砖锢窑，两层耍头，无根厦檐平屋顶，围有砖砌的十字花女儿墙，厦檐均已毁坏不存。正房5孔砖窑洞（图3-42），三明两暗，开间4.15米，进深7米，正房形式为"明柱厦檐高圪台"，明柱和厦檐已毁，只剩下鼓形的柱础。

院落空间呈矩形，长13米，宽9米，院落长宽比为3∶2，空间开阔。整个院落空间以倒座和大门入口处地坪最低，北上两级台阶至院落主体空间，再上两级台阶至正窑前台基，到达正房。整个庭院砖铺地，由南向北地坪逐层抬高，中间的矮墙及两步台阶和正房前台基的高差变化把庭院分成了三层。上面的庭院东西各安放一个碾盘和一个磨盘，院中间有一神龛，是生活起居的中心。

东财主东院沿着第一条巷道从山下一直延续到山上，对外高墙竖起，围合感很强，空间封闭，对内处处相通，空间开放，生活气息浓厚。从高大厚实却又其貌不扬的墙体，到开阔明亮的内部空间，再到精美绝伦的雕刻工艺，不难看出这个不同寻常的院子当年的恢弘气势和院子主人虽然家财万贯却又对外不显钱财的谨慎心理。

3. 东财主西院

东财主西院(图3-43、图3-44)位于火巷的东侧，上下四层院子错落有致、互相连通、富丽堂皇(图3-45)。东财主西院第一层院落南面是一个花树院，是主人家的花园。比起上、下岁进士院和东财主东院，东财主西院略显小巧，却尺度近人，生活气息浓厚。

图3-43 东财主西院全景

图3-44 东财主西院

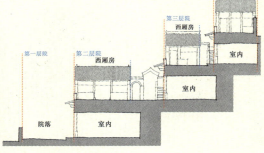

图3-45 东财主西院剖面图

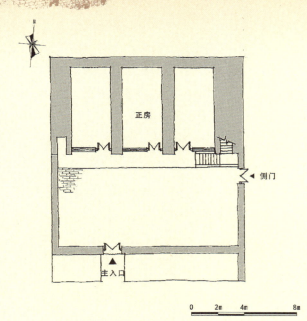

图3-46 东财主西院第一层院落平面图

(1) 第一层院落

第一层院落破坏严重，现仅剩正房3孔砖锢窑（图3-46），无根厦檐，厢房、大门、院墙皆已毁。东边一孔窑洞的窑腿边上有楼梯与二层院落相连（图3-47）。

(2) 第二层院落

第二层院落与东财主东院第二层院落（图3-48）的布局相同，对称布置。西边一座木构砖瓦配房（图3-49），三开间，上挂牌匾"琴香楼"。屋顶为硬山卷棚式，椽子上承望板，望板上架飞子，上盖筒瓦，现屋脊破损，滴水瓦当

图3-47 东财主西院第一层院落正房

损毁严重。山墙上有一圆窗，方形窗格；墀头雕刻精美，图案为"狮子滚绣球"，并雕有花纹、回字纹饰样。东配房已经损毁，仅余基座和北侧山墙。院子主人依附残余的山墙在北侧搭建一座小的单坡砖瓦房，西侧墙上有"福"字。砖瓦房与正房之间有一小门，通往东财主东院的第二层庭院，西院的第二层院落比东院的高1.14米（图3-50、图3-51）。

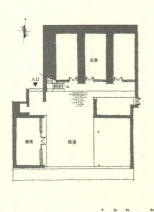

图3-48　东财主西院第二层平面图　图3-49　东财主西院第二层卷棚楼

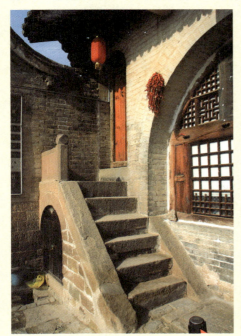

图3-50　东财主西院第二层楼梯　　　　　图3-51　东财主西院第二层檐下空间

西院第二层院大门（图3-52）与别的院落不同，位于二层院落的西北角，向外开在火巷东侧，朝北开门，需向后转弯上一段坡道才能进入。大门为双坡硬山砖石结构，下部为石头，到起拱的地方变成砖，拱上嵌一石匾，上书"克昌后"，周边施以竹节雕刻。屋檐的位置用砖砌假椽子及假飞子，上盖筒瓦，瓦当、滴水及屋脊吻兽都保存完好。

　　正房为3孔砖锢窑（图3-53），嵌有木质方格窗，无根厦檐，两层耍头，椽子上铺望板，望板上盖筒瓦。西侧窑洞前有一楼梯通向三层院落。

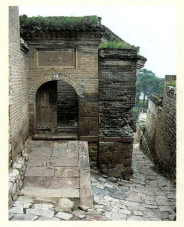
图3-52 东财主西院二层院落大门

图3-53 东财主西院第二层院落

（3）第三层院落

　　第三层院落（图3-54、图3-55）与第二层院落相似，只是东西两配房略小，只有两开间（图3-56）。从第二层上来的楼梯占据了西配房南边的三分之一。配房的屋顶为单坡硬山顶，椽子上架望板、飞子，上有筒瓦、吻兽，屋顶南侧靠向屋脊的位置有烟囱（图3-57），宫殿模样，制作精美。东西配房正中都挂有牌匾，分别是"德胜永"和"连尊有二"。

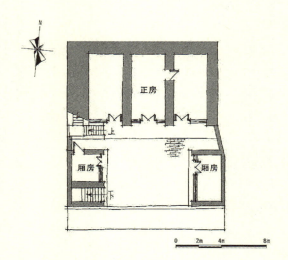
图3-54 东财主西院三层平面图

图3-55 东财主西院三层院落

图3-56 东财主西院三层院落东配房

图3-57 吻兽与风水楼

正房3孔砖锢窑，与二层的正房屋顶式样相同。当中挂一块木匾，上书："定国先声"，落款为"庚子顺天举人现任国子监勋教候选同知世愚弟崔丙文为捐职于总□□公□先生"，时间为"道光十八年岁次戊戌十一月"。

(4) 第四层院落

第四层院落(图3-58)原为陈家小姐绣楼，有东西两个配房(图3-59)，单坡硬山屋顶。与第三层的配房相同，西配房的南边三分之一为垂直交通空间(图3-60)。山墙和后墙上都开小窗。站在院落中，向下能看到遍布在山下的院落群，向南远眺便是湫水河，东南为娘娘山，视野十分开阔，景色优美宜人。

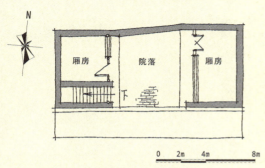

图3-58 东财主西院第四层院落平面图

图3-59 东财主西院第四层院落西厢房

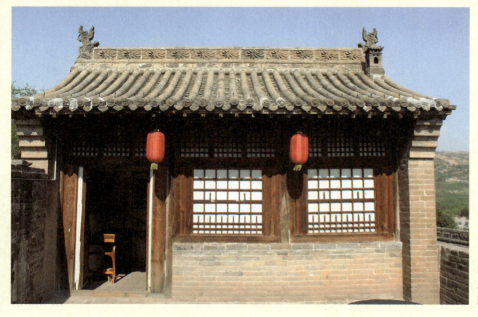

图3-60 东财主西院第四层院落东配房

东财主西院同东院一样，不乏精美的装饰。但与其他院落不同的是，它的三、四层院落只能通过二层院落才能到达，没有别的入口，再加上高筑的围墙，整个院落被围合得格外严实，有很强的私密性；但是也由此导致了采光和通风的不方便，于是庭院担当了这个重任。整个院落向南开口，采光很好，视野也非常开阔。各层庭院既是下层院子正房的屋顶（图3-61），又是上层院子的活动中心，既节省了用地，也起到了承上启下的作用，使得各院落间四通八达，空间较为开敞（图3-62）。这种既私密又开敞的空间，使得一家人在足不出户的同时就可以享受到美好的户外生活。

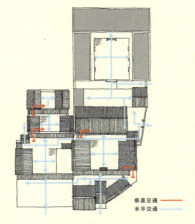
图3-61 东财主院落群交通分析图

图3-62 东财主西院俯瞰

三、岁进士院落群

1. 概述

岁进士[1]院落群位于西湾古村西部（图3-63），其主体坐落在土巷西侧，另一偏院位于金巷东侧。岁进士院落群可以分为上下两个岁进士院，分别由三层的和两层的院落组成。家谱记载，陈氏岁进士及第的共有两人，分别是陈氏五世陈秉谦（1727~1795年）和八世陈中槐（1789~1828年）。岁进士下院内有一块石质匾额，上书"安且吉"，落款为"戊

---

[1] 岁进士，即岁贡，是多次参加乡试而不中的老秀才，实际上并非进士。

申初秋",应为乾隆五十三年(1788年)所题,与陈秉谦中岁进士的时间(1784年)相近。因此,"岁进士"下院应该是陈秉谦的宅院,可能为1780~1790年间所建;而"岁进士"上院便是"岁进士昭武都尉"陈中槐(1789~1828年)的府邸,建造时间可能在1810~1825年间。

岁进士院落群坐东北、朝西南,四层院落纵向对称跌落(图3-64),轴线感和进深感

图3-63 岁进士院落群区位示意图

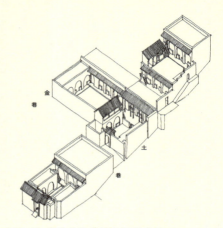

图3-64 岁进士院落群空间示意图

极强。与东财主院落群相比,建筑体量稍大,气势更为宏伟,其内部设置也更为讲究。但由于整个院落群、尤其是岁进士下院的建造时间为早,建筑破坏较为严重。

2. 岁进士下院

岁进士下院位于土巷中部西侧,是保存较为

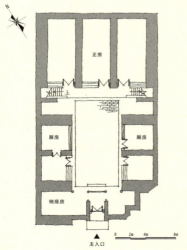

图3-65 岁进士下院一层现状平面图

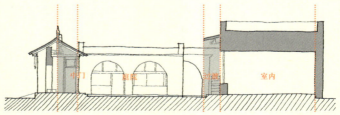

图3-66 岁进士下院现状剖面图

图3-67 岁进士下院一层院落大门与巷道

图3-68 岁进士下院一层院落鸟瞰

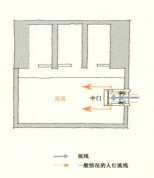

图3-69 西湾村中的中门形式

完好的"北楼南厅、东西配房"式院落（图3-65、图3-66）。院落总体宽14米，长27米，庭院呈矩形，院内建筑对称布置（图3-67、图3-68），布局严整紧密。南侧的"南厅"、东西两侧的配房和北侧的正房原本均为二层建筑。不过现在"北楼"和东西配房的二层都已经损毁，仅剩基座。正房东西两侧的窑腿上有楼梯可以上到配房的二层，沿着东侧的楼梯可以继续上到正房二楼的"北楼"。

院落大门采用随墙门的形式，位于纵向轴线上，双坡悬山顶，外侧有精美的木雕垂花装饰，门洞为砖起拱，椽子上铺望板，上架飞子，筒瓦盖顶，屋脊上贴有雕花、吻兽。大门内有中门，"岁进士"匾悬位于中门之上。中门有类似于屏风的作用，起到阻隔视线的作

山|西|古|村|镇|系|列|丛|书

图3-70 岁进士下院一层院落正房与配房

用（图3-69）。中门一般是关闭的，只有在婚丧嫁娶或者有贵客登门之时方可打开，平常出行都从左右两个偏门出入，体现了封建社会的等级制度。进入大门，西侧是驴马房，东侧是柴房，再往东是女眷厕所。厕所向院外巷道开小窗，顶部开天窗，有利于通风采光。据这家主人介绍，里面墙上的小方格是专门放灯用的，厕所安的是石质座便器，座便器上放有供女眷坐的棉布，而男厕则在院外。整个倒座为双坡木构砖瓦房，进深3.8米，朝向院外的一面为砖墙，与大门连为一体。

正房为3孔砖窑，每孔开间4米，进深8米，无根厦檐（图3-70）。中间一孔窑洞与中门相对，出入时可形成很好的对景。东西配房各是两孔小的砖箍窑，开间3.6米，进深4米，无根厦檐，当时供下人们居住。窑洞上面原有两个对称的卷棚顶的木构楼阁（现不存），顺着东西两边的石台阶便可进入，笔者推测或为当时的书房。

据这家的老者回忆，正房上面木楼阁外廊从东往西原来悬挂着三块横匾，第一块"齿德皆优"，是当年先祖陈秉谦督修黄卢岭官道竣工以后，永宁州特赠；第二块"松柏同年"，第三块的内容已经无人可知。大楼内正中横梁挂一金字匾"琼岛春景"，左面偏殿横槛上书"居安资深"，落款王继贤[1]，右面偏殿横槛上是"寿比南山"。楼阁两边偏殿炕上各放两张炕桌，大堂里放清一色的桐油八仙桌和长板凳，可供八十人同时吃饭。从大楼北侧的门出去便是第二层庭院（图3-71、图3-72），据房主叙述，原来的形制：庭院的两边是两个木构砖瓦房（图3-73），西侧是小姐的绣楼，东侧是厨房，厨房内有一个菜窖，从菜窖的另一个出口开向土巷，以方便食材的运输。可惜现在整个二层院落已毁坏。

---

[1] 王继贤（1792~1850年），字翰城，黔城长坡村人，曾两度入长沙岳麓书院受业，由禀贡生赴京都入国子监，道光二十三年（1841年），任山西省汾州府永宁州知州。

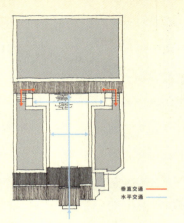

图3-71 岁进士下院交通分析图　　图3-72 岁进士下院第二层建筑基座

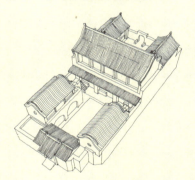
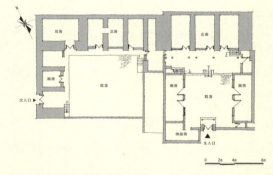

图3-73 岁进士下院复原图　　图3-74 岁进士上院一层院落平面图

虽然院内所有的二层建筑都已损毁不存,但还是可以从岁进士下院看出西湾"北楼南厅、东西配房"的院落格局。北楼、南厅、东配房和西配房四座建筑都向庭院开窗开门,形成向内聚合的形态,体现了血缘聚落院落的向心性。

3. 岁进士上院

岁进士上院的三层院落对称布置,纵向连接,并在下层院落向西水平扩展了一个院落。除一层院落外,其他院落均为向南开口的三合院,地势较高,通风和采光条件较好,视野也很开阔。一层院落正房与西配房之间有一小门通往西侧院落(图3-74),通过正房与东配房之间的楼梯可上到二层院落,二层院落与三层院落也有楼梯相连(图3-75)。上、下岁进士院轴

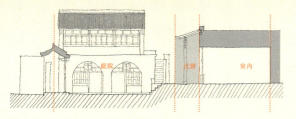

图3-75 岁进士上院一层院落剖面图

图3-76 岁进士院落群

图3-77 岁进士上院一层院落大门

线重合连接,各层院落依次退后抬高,形成纵深感很强的院落群(图3-76)。

一层院落的大门开在南侧院墙的西侧,门洞砖起拱,上部为双坡硬山屋顶(图3-77)。大门带有中门,中门外有匾额题:"岁进士",内匾额题:"忠信笃敬",匾额上架额枋,额枋上有三个花栱,再上面是檐檩,檐檩上架椽子和飞子,上盖筒瓦(图3-78)。进入中门东侧是马房,为木构砖瓦房,现已坍塌。中门除了是身份地位的象征,同时又有如同照壁的作用,使得人们在门外的视线不能直接到达院内,而需绕过中门,才能一览院内景色。另外,从院外看,大门并没有直接开在巷道上,而是先经过一条小巷子的过度,才与巷道相接。

图3-78 岁进士上院一层院落中门及装饰

图3-79 岁进士上院一层院落正房

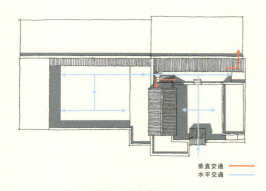

图3-80 岁进士上院一层院落交通分析图

院内建筑对称布置（图3-79），正房建在高1.05米的高台上，三孔石箍窑，开间4米，进深6.5米，明柱厦檐，之前是长辈居住的地方，以空间高度的提升来实现等级的划分。西侧窑洞内有一个夹桌碹口，里面供奉了一尊神像，隔扇上有一副对联，据说是当年道光皇帝到此微服私访时留下的，上联："金炉不熄千年火"，下联："玉盏常明万岁灯"，横批："如在其上"。窑洞外有7根柱子，鼓形柱础，柱上直接承檩，檩条下有花、额枋、雀替，其上筒瓦和滴水均有雕刻精美的图案。

东西两侧的配房原本均为两层（图3-80），而东侧二层的房屋已经损毁不存，西侧的二层房屋是西湾村仅存的一处配房。配房一层皆为两孔砖箍窑，开间4.5米，进深3.5米，

图3-81 岁进士上院一层院落西配房

西配房二层原为小姐绣楼（图3-81），木构砖瓦房，双坡硬山顶，三开间布置。二层的入口在北侧山墙上，通过与正房间的楼梯下到庭院内。

院落内的青砖铺地，并按照"左青龙，右白虎"的说法，在东西两侧各安放一个碾盘和一个磨盘，磨盘现已毁。整个院落保存比较完整，除了东配房上二层损坏以外，其他建筑和庭院保存较为完好。

四、竹苞松茂院

竹苞松茂院位于木巷的东侧，是西湾后起之秀陈汝银的宅院（图3-82）。竹苞松茂院平面呈矩形，是"北楼南厅、东西配房"去"北楼"的衍变形式（图3-83）。庭院长22米，宽12.9米（图3-84、图3-85），面积是其他院子的几倍之多。院落的大门设在西南角（图3-86），原来庭院的南侧还有倒座，现已损毁。东西配房各是三孔砖箍窑，无根厦檐。正房建在六级台阶高的平台上，有4孔石箍窑，明柱厦檐，中间两孔窑洞之间还有一座神龛，使洞口数凑为单数。正房（图3-87）和配房（图3-88）之间有楼梯可以上到各个建筑的屋面。各平屋顶的边上有一圈十字花女儿墙将屋顶围合成一个空间，为院主提供了一个晒农作物的场所。院落的围墙上修有垛口。垛口原来是指城墙上凹凸的短墙，是用来瞭望敌情的，到民国时渐渐变成一种装饰，据说只有具有一定

图3-82 竹苞松茂院区位示意图

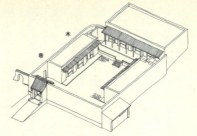

图3-83 竹苞松茂院鸟瞰

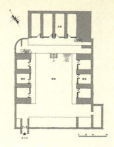

图3-84 竹苞松茂院平面图

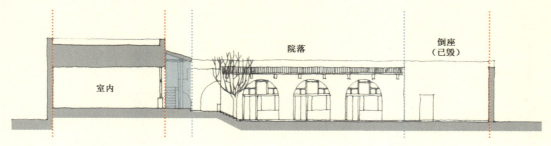

图3-85 竹苞松茂院剖面图

图3-86 竹苞松茂院外观

| 山 | 西 | 古 | 村 | 镇 | 系 | 列 | 丛 | 书 |

图3-87 竹苞松茂院正房

图3-88 竹苞松茂院配房

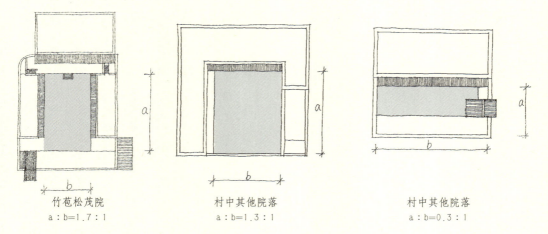

竹苞松茂院
a∶b=1.7∶1

村中其他院落
a∶b=1.3∶1

村中其他院落
a∶b=0.3∶1

图3-89 几个院落的长宽比

图3-90 竹苞松茂院

社会地位的人才可以修建。庭院四周都是房屋和围墙，但由于庭院的尺度较大，所以围合感不强（图3-89、图3-90）。

大门是竹苞松茂院的一大特色（图3-91）。大门位于院落的西南角，突出院墙1米，使原本就精致华丽的大门更加引人注目。院内地坪比院外高，因此要经过一段坡道才能上到大门处，无形中提高了院落主人的身份地位。大门砖起拱，拱上嵌着一块黑色的石匾，上书"竹苞松茂"，为民国时所题。门外两个鼓形柱础托着两根立柱，上呈一根圆形额枋，额枋与檐檩间有三个雕刻精美的木质耍头，檐檩上承托椽子、飞子，上盖筒瓦，有正脊、垂脊。由于近期修缮过，所以瓦当和垂脊上的望首都较新。

图3-91 竹苞松茂院大门

五、四合院

四合院位于水巷西侧，西靠西财主院，下邻原西湾小学，是商号"振兴玺"老板的宅院（图3-92、图3-93）。院内房屋的布置完全对称，正房为3孔石箍窑，无根厦檐（图3-94、图3-95），屋檐只有一层椽子，上盖筒瓦；东西配房和南厅都是3间单坡硬山木构砖瓦房。庭院为方形，青砖铺地，小巧精致。

图3-92 四合院区位示意图

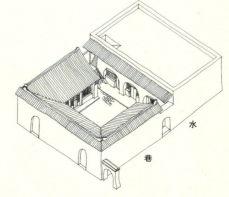

图3-93 四合院鸟瞰

山｜西｜古｜村｜镇｜系｜列｜丛｜书

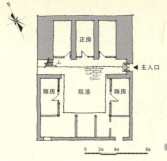

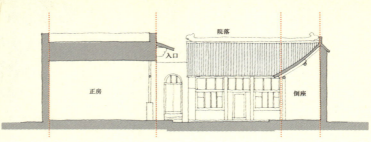

图3-94 四合院平面图　　　图3-95 四合院剖面图

图3-96 四合院现入口

四合院也是一种从"北楼南厅、南北配房"演变而来的院落形式，建筑布局紧凑，甚至连为一体。四合院的大门改造过，现大门位于正房与东配房之间（图3-96），朝向东边，大门朴实无华，除了门当与户对外再没有其他的装饰。原大门位于院落的西南角，向南开门，经过一段窄巷与水巷相连。厕所也在这条窄巷的北侧，西湾许多院落的厕所都修建在院子的外面，为路人提供方便。

庭院被建筑围合，四周的建筑紧紧相连，屋顶交错相接并向院内倾斜，虽然没有二层房屋，但是庭院较小（图3-97、图3-98），所以感觉领域感非常强，这样建造也增强了防御的效果。传说，以前这里的主人十分富有，为了防止家里受到损失，晚上会在房屋的上面蒙一层网，并派人把守，把院落整个设在天罗地网之中，可见它的防御性很强。

西湾的绝大部分院落都像四合院一样，对外是高大厚实的封闭墙体，建筑也很少对外开窗，门窗都朝向庭院开启，庭院与外界相连的仅是大门而已。这么做一是为了防御，二是由于当地冬冷夏热，温差较大，为了减轻气候对居住的影响，所以建筑开窗较少，而封闭的院落有利于形成一个相对比较稳定的小气候（图3-99、图3-100），改善居住条件。

图3-97 "四合院"南罩房

图3-98 四合院正房檐下空间

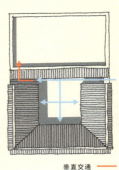

图3-99 四合院交通分析图

图3-100 四合院俯瞰

六、西财主院

西财主院位于西湾古村的最西边（图3-101、图3-102），与东财主院同一时期修建。

西财主院内房屋对称布置（图3-103、图3-104），惟东配房都已不存（图3-105），倒座破损严重（图3-106）。正房保存较好（图3-107），有9孔砖箍窑，是西湾窑洞数量最多的单排窑洞。9孔窑洞建在5级台阶的高台上，窑洞前有15根柱子，与厦檐围合出来的半室内空间可以用来乘凉和干活，并形成有序的灰空间（图3-108、图3-109），成为室外空间到室内空间的过渡。庭院内有1米左右的高差，院内设有树池和花池，种着各种植物（图3-110、图3-111）。土地改革时，庭院被一堵砖墙分隔成了两个独立的院子，东边院落的大门起拱上有一块石匾，题有"福备三多"四个大字。院落四周有高大的围墙，围墙上砌有垛口。庭院里还有一口菜窑，方形洞口，两米多深，洞口下面两侧的石壁上有凹槽，可以踩着上下，下去是一个两米见方的窑洞，作储藏蔬菜之用。

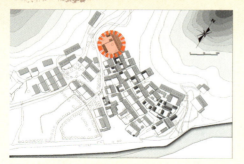

图3-101 西财主院区位示意图

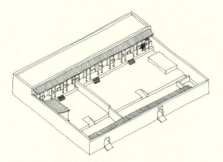

图3-102 西财主院鸟瞰

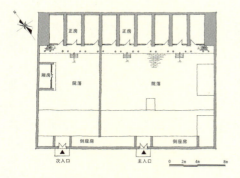

图3-103 西财主院平面图

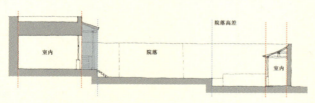

图3-104 西财主院剖面图

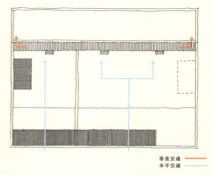

图3-105 西财主院交通分析图

图3-106 西财主院倒座

图3-107 西财主院正房

图3-108 柱檐形成的灰空间

山|西|古|村|镇|系|列|丛|书

图3-109 西财主院内一角

图3-110 四合院屋顶俯瞰西财主院

图3-111 卧龙山俯瞰西财主院

七、陈三锡院

陈三锡院（图3-112）位于火巷中部西侧，是当年"功德主"陈三锡（1685~1758年）的宅院。陈三锡院结构简单（图3-113），仅由正房、大门与院墙组成（图3-114、图3-115）。正房为3孔石箍窑（图3-116、图3-117），东侧窑洞窑腿上有楼梯可以上到正房房顶。大门位于院落的东边，直接向东开向火巷。

图3-112 陈三锡院区位示意图

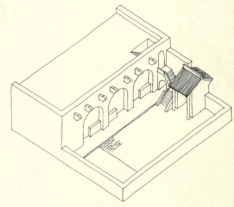

图3-113 陈三锡院鸟瞰

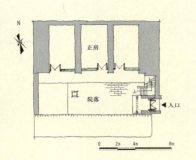

图3-114 陈三锡院平面图

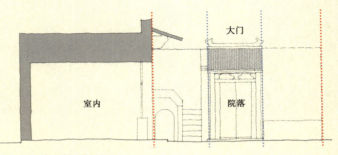

图3-115 陈三锡院剖面图

山｜西｜古｜村｜镇｜系｜列｜丛｜书

陈三锡院的大门靠外立有两根立柱，上面承托额枋、雀替、镂空雕花和木质梁头，梁头上还绘有彩绘，做工十分精细。大门下有门当，上有户对，并挂一木匾，上书"观光清时"四个字，描写了当年在陈三锡的带领下，西湾繁荣昌盛、百姓安居乐业的祥和景象。院落大门下做平棋[1]（图3-118），平棋内图案直接绘于木板之上。图案内容为寓意美好的动植物，内容丰富。

图3-116 陈三锡院俯瞰

图3-117 陈三锡院正房

图3-118 陈三锡院大门平棋

---

[1] 平棋：即今日的天花板，古代叫"承尘"。在木框间放较大的模板，板下彩绘或贴以彩色图案的纸，这种形式在宋代称为平。因为由大方格组成，仰望就像一张棋盘，因此叫做"平棋"。

八、恩进士院

恩进士[1]院（图3-119、图3-120）位于金巷的中部东侧，东邻上、下岁进士院，是撰写家谱之人陈满瑜（1738~1813年）的府第。恩进士院分为主院和旁院（图3-121），两个院落由月亮门连接。主院内建筑的布置并不对称，东侧没有配房，只有半孔窑洞和一把通上房顶的楼梯（图3-122）。正房5孔砖箍窑，无根厦檐，厦檐下的耍头上没有雕纹，只是朴素的条石而已。正房旁边有楼梯可以上到二层庭院。院落的大门位于院落西侧，拱门外侧上方嵌着一块石匾，上面写着"恩进士"三个字，为咸丰丙辰年间所题。

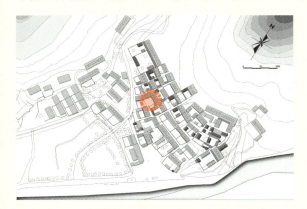

图3-119 恩进士院区位示意图

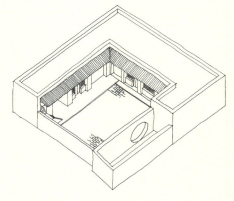

图3-120 恩进士院鸟瞰

图3-121 恩进士院俯瞰

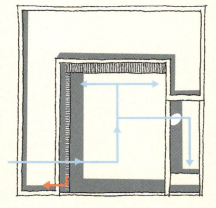

图3-122 恩进士院屋顶平面

---

[1] 所谓"恩进士"，即"恩科进士"，是遇皇帝即位等庆典而加科的进士。

西湾村的院落主要有三种不同的入口形式（图3-123）：一种为随墙门正面入，典型院落为岁进士下院；一种是随墙门侧面入，典型院落是陈三锡院；最后一种便是恩进士这种窑洞门改侧面入的形式。恩进士院落大门做法较特殊，并非在院墙上起拱做门，而是用西配房的一孔窑洞作为大门，直接开向金巷。以窑洞作为入口，对院内的景观形成了很好的框景作用。

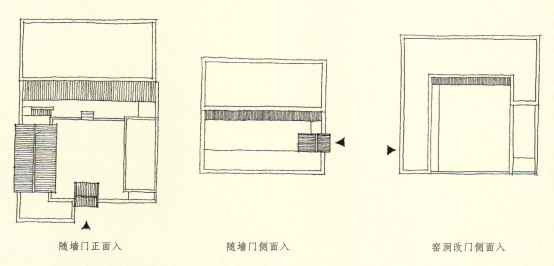

随墙门正面入　　　　随墙门侧面入　　　　窑洞改门侧面入

图3-123 三种不同的入口形式

东侧的半孔窑洞向北连接了正房的最东边一孔窑洞，形成了拐窑。拐窑是另外一种窑洞的形式，即在窑洞内侧墙壁上与之垂直处另挖一小窑，是窑中窑；由于拐窑的通风采光不好，一般用来放置粮食、农具和杂物。庭院东侧的旁院面积较小，院内摆放着碾盘和磨盘。两个庭院通过尺度的大小对比体现出主次的关系。

公共建筑
GONGGONG JIANZHU

西湾村规模不大，公共建筑也相对不多。与居住建筑沿山体分布不同，公共建筑大都分布在村落前相对平缓的空地上。西湾村现存的公共建筑主要有祠堂建筑（如陈氏祠堂、孝思堂）、防御建筑、墓阙建筑、牌坊建筑等（图4-1）[1]。

图4-1 西湾村公共建筑分布图

一、祠堂建筑

1. 陈氏祠堂

对于山西的传统聚落而言，祠堂是必不可少的。祠堂是后辈供奉祖先，并且进行祭祀的场所，被视为宗族的象征，也是维系血缘关系的纽带。祠堂发展变化，从最初的"祭

---

[1] 目前所知的西湾村公共建筑除了上面提到的现存的之外，原来还有戏台、铜钟台和陈氏老墓地。其中陈氏老墓地在"农业学大寨"时期被毁，变成了一片片农田，已不复原先历史风貌。而据村中老人讲，戏台以及铜钟台原先位于槐树街广场之上。戏台靠近湫水河堤岸，较为简易，用帷幕做屋顶，供喜庆之时和丰收年景娱乐之用；铜钟台靠近老槐树，挂一铜钟供打更报时之用。现两者已不存，甚是可惜。

与寝"到"立祠堂于正寝之东",再到作为单独的建筑出现,祠堂似乎总和居住建筑有十分紧密的联系。事实上,祠堂的建筑造型便是从居住建筑中变化出来的,从外观上很难分辨。祠堂一般位于村中重要的街巷上或位于村落之中心。在村落不断发展的过程中,形成了以祠堂为中心的十分具有向心性的聚落空间模式。

图4-2 陈氏祠堂区位图

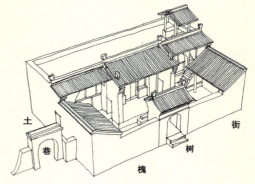

图4-3 陈氏祠堂鸟瞰

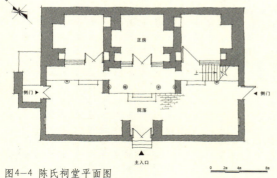

图4-4 陈氏祠堂平面图

图4-5 陈氏祠堂明柱厦檐形成灰空间

图4-6 陈氏祠堂

西湾村中的陈氏祠堂(图4-2)位于第三道巷入口旁,属于全村的核心地带,建筑形制与西湾民居类似(图4-3、图4-4)。陈氏祠堂坐北朝南,现保存较好,一进院落,布局紧凑,属于典型的三合院(图4-5、图4-6)。院落采用中轴对称式布局,砖箍窑洞,正门对应堂窑,东西厢房位置是两个开敞棚子。院落东西围合的墙上各开有一门,原东门通向明经第院内[1];西门通向金巷内,功能保存至今。

入口的门楼为砖砌筑,做工十分考究。门前有三级台阶,门洞为半圆拱券式,屋顶仿木质椽头的做法,悬山屋顶,共有两层。山墙面采用仿木的做法(图4-7),博风板用砖雕装饰,板头雕花样式精美。门洞的两侧有砖制的对联,写道:"俎豆一堂昭祖德,箕裘千载振家声",门上横批:"承前启后"(图4-8)。"俎豆"为古代祭祀宴客时用的器具。《史记·孔子世家》中便有记载:"常陈俎豆,设礼容。"而"箕裘"出自《礼记·学记》:"良冶之子,必学为裘;良弓之子,必学为箕",比喻祖先的事业。对联意指贡品满堂展示了祖先的遗风美德,而祖先的千秋事业振兴了家族的声望(图4-9)。陈氏祠堂修建于乾隆三十五年(1770年)前后,陈氏家谱中的《家谱凡例》中规定 :"今后每遇岁时伏腊,必集族中之父老子弟,家庙拜祭毕,将谱从头至尾申诰一遍,务要一体遵行,万务是为陈言。"由此可见,家谱中所描述的家庙,在当时就已经建成。陈氏祠堂见证了西湾村的蓬勃发展,院内建筑布局及装饰构造都是研究西湾古村落发展十分重要的资料。

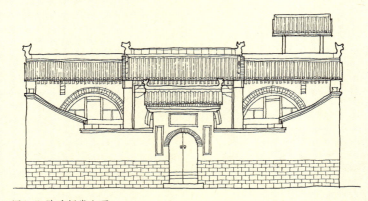

图4-7 陈氏祠堂立面

图4-8 陈氏祠堂对联

---

1 现已在东门出口处修一新房,堵住了通道,做仓库之用。

图4-9 祠堂内保存的牌位

　　整个院落有明显的高差，南低北高。祠堂正房为三孔窑洞，正中一间为明柱厦檐，有四根柱子，柱下有造型简洁的柱础。柱头承接檩条，檩条下有造型精美的檩枋和雀替。椽子上有两层望板，望板之间有飞子。屋顶以筒瓦覆盖，屋脊、瓦头和滴水上皆有图案精美的雕饰；吻兽造型独特，为双头龙雕，一只龙头冲向天空怒吼，另一头朝向内，怒目圆睁，张开大口咬住屋脊。堂窑正门居中，两侧有山墙，山墙上各开一门洞通向两侧窑洞（图4-10）。山墙的墀头上浮雕有精美的仙鹤纹样。两侧窑洞并无前廊，由耍头直接承厦檐。正房东侧有一小门洞，置有转角楼梯，条石踏步，上到祠堂屋顶。屋顶四周有砖砌女儿墙（图4-11），站在屋顶视线开阔，回望西湾村美景尽收眼底。

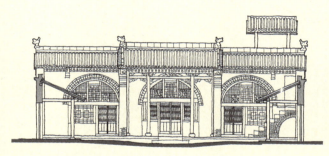

图4-10 祠堂剖面

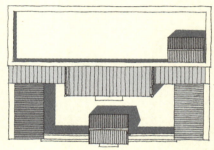

图4-11 陈氏祠堂屋顶平面

2. 思孝堂

思孝堂（图4-12）是后辈追思先辈孝义品行的场所，其中供奉着先辈们的牌位，某种意义上来说也是祠堂的一种。

图4-12 思孝堂区位图

图4-13 思孝堂鸟瞰

西湾村的思孝堂并不华丽，坐西面东略向东南，两孔石箍窑洞，洞口在东北面（图4-13、图4-14）。东南侧的一孔窑洞作为供奉牌位的堂窑，洞口用砖石封上，在上部留有一方形窗洞，供日常采光，大门设在东面（图4-15、图4-16）。思孝堂为砖砌筑，与后面的石箍窑洞很好地结合在一起。立面采用对称布局（图4-17），中间是一砖砌拱门作为大

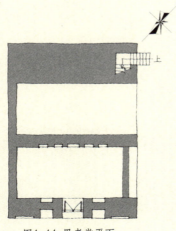

图4-14 思孝堂平面

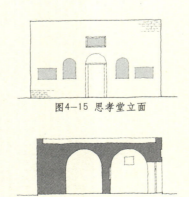

图4-15 思孝堂立面

图4-16 思孝堂剖面

门,上有一匾额(图4-18),砖砌外框,内有石制匾额,刻有三字"思孝堂",匾额左下角有落款,为成登魁书。匾额经日晒雨淋,已经开始剥落。大门两侧各有一小拱形洞口,现已用砖块封死。再向外两边各有一方形碑刻镶嵌其中(图4-19),北边刻有创建陈氏祠堂的序(详见附录),落款处写两人"八世孙庠生炤纶"及"同宗孙增生渭祥"合族敬立于大清咸丰八年(1858年),晚于陈氏祠堂的建造年份。南边则刻有内供牌位的列表。

原大门门扇已经损毁,现在的门扇是村民新加的。进入思孝堂内部,发现里面整体都是灰砖砌筑,与外部的石箍给人粗犷的感觉不同,内部显得十分整齐与肃穆。这种外部石箍、内部砖砌的做法十分少见。大门正对的墙上有五个拱形洞口,砌筑得十分工整,中间一个稍大,与其余四个同为供奉先人牌位的地方。

靠西北侧的另一孔窑洞则整体为石块砌筑,并无灰砖的痕迹,没有窑脸亦无旁门,现闲置。村民也说不清当时这孔窑洞做何使用,或许是用来存放祭祀所用器具的。因为长期无人管理,洞口已形成小土堆并长满杂草。洞口再往北是一长方洞口,内设有石制台阶,可通往思孝堂屋顶。

思孝堂的建立也有着一段鲜为人知的历史。19世纪50年代,西湾已发展成型,整个村

图4-17 思孝堂

图4-18 思孝堂匾额

图4-19 思孝堂两侧石刻碑文

落有堡墙围合，楼宇耸立，气势磅礴，陈氏家族在碛口的商业也十分可观，大小不等的商铺在镇上随处可见；同时陈氏家族还非常重视教育与仕途，后辈也是人才辈出；远居内蒙古的另一支陈氏的后人返乡，有着大量的财富，并且身居要职，建起了东西财主院，十分雄伟壮丽。

围墙里面，陈氏子孙中也有普通农家，并无商铺，仅靠老辈留下的少量土地维持生计；围墙外面，有普通农家和长工住的几处院落。可以看出，当时的西湾村生活着形形色色、不同阶级、不同档次和不同生活习惯的人群，看似欣欣向荣，实则这些不同是矛盾的根源。权利的纷争、人际交往的礼节、互相之间的猜忌，甚至是茶余饭后讨论的话题都会有或多或少的矛盾在其中。

当时陈三锡的后辈中有一人名陈位中，也就是碑文中所提到的八世孙庠生炤纶，生性耿直，他对于这种种矛盾，悲痛难当，于是召集部分陈氏后人在堡墙外修建了一座并不算奢华的思孝堂，用以告诫陈氏子孙，陈氏家族发展至此，日益兴旺，但是不能忘记祖辈们艰苦创业的精神，更不能作恶多端、互相诋毁，同是陈氏的子孙应该互帮互助、团结一心，而不是分崩离析、冷眼相对。

思孝堂是西湾陈氏在家族人际关系日渐恶劣的情况下自身寻求解决办法的产物，虽然建筑本身朴实无华，但是却像是一剂镇静剂，维持了整个村落的和谐发展。

二、墓阙建筑

中国封建社会相信人死之后灵魂可以庇护后世，所以我国大多数民族多会选择土葬死者的方式，在为死者肉身找一个安身之所的同时也希望能庇佑后世飞黄腾达。时至今日，我国很多偏远地区仍然有此做法，可见其影响。而墓阙，是墓前神道两侧的建筑物，它源于早期社会建筑群入口处两侧的木构构筑物，后来应用到墓地建筑中。东汉是墓阙发展的顶峰时期，最为著名的莫过于汉代建于四川雅安的高颐墓阙了。墓阙象征着严格的封建等级制度，普通人家一般只有墓而没有阙，身份显贵的才打造自己的墓阙，而且多为生前建造。有些人家对于墓阙的要求甚至高过了住宅本身，要严格遵循五行八卦的风水论，力求选择一块福地，一者是墓主的灵魂居所，二者可以保佑后世子孙。墓阙起到标识墓地位置的作用，同时将墓碑立于其中，保护其不受破坏。

西湾村原有两块墓地(图4-20),其中一块位于后湾坪,从三锡公伊始,每逢清明佳节便全族人聚集在此举行祭祖的活动。陈氏家谱中也有记载:"今候铨州判陈公讳三锡,字金之者,慨然兴叹,不忍坐视,爰集族中之父兄子弟,公议祀典。遂于清明佳节,各奉香仪,为之携酒牵羊,以享祖茔。"这个习俗一直持续了两百多年,只是后来在农业学大寨的时期,实行推坟造田,将后湾坪的墓地改造成了一块块的梯田,当时的墓阙及墓碑也一同损毁。如今再也看不到一点点陈氏墓地的痕迹了,实为一大遗憾。

而另一块墓地坐落于湫水河对岸寨子坪村背后的山上,是19世纪陈氏家族从内蒙古回来的一支所建墓地,以砖石结构为主,雕刻有许多仿木的精美构造装饰。

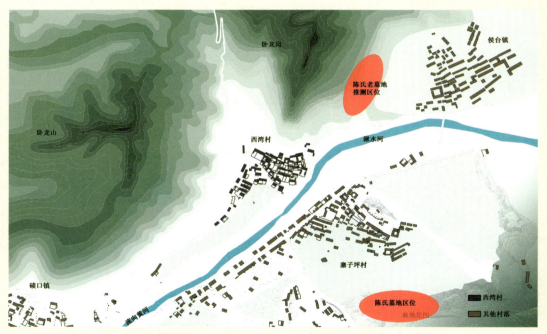

图4-20 陈氏墓地区位示意图

墓场的西南角有三个类似的墓阙,造型都相对简单,为同一时期所立,前后相隔不到十年。墓阙的主体部位都有小型孔洞,似被乱枪扫射遗留下来的痕迹。三座墓阙由北向南逐级而上,最南端的为陈三平之墓(图4-21),为砖雕门楼样式,石砌基座,墓阙中间为拱形门洞,门洞前有雕刻成铜钱样式的石雕,拱门内为墓碑,上部刻有"皇清"两字,两旁刻有碑记,下部便是墓碑的主要内容,四周刻有回纹装饰,墓碑上记载着死者的家族信息，也记载着立碑时间为咸丰五年（1855年）。墓阙顶部檐口下为砖雕椽望，共有两层，椽望之上有雕刻精美的筒瓦覆盖，两侧的山墙上还有砖刻的博风板。屋脊上雕花，两侧有龙头吻兽（现已损毁）。

另外两个墓阙在建造技术以装饰纹样上与陈三平的墓阙类似，只是阙洞前的石雕略有不同，中间的墓阙为三平公的儿子陈秉灵的（图4-22），北端墓阙是秉灵公之子陈大烈的（图4-23）。爷孙三人在内蒙古发迹之后，衣锦还乡，尸骨葬于此，与西湾村隔岸相望，可谓落叶归根。

墓地往北是一小块平地，尽头有明显高差，有五根拴马桩矗立在边缘，泊马的同时，也围合了这片祭祀用地。每个柱头都有精美的石雕，或为人偶或为雄狮，虽都有不同程度的损毁，但能看出大致模样。

图4-21 陈三平墓阙

图4-22 陈秉灵墓阙

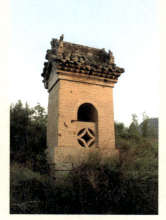
图4-23 陈大烈墓阙

平地以南有四个石质墓阙，一字排布，从左至右依次为陈定元、陈德元、陈耀元及陈梦元之墓（图4-24、图4-25）。梦元公墓阙的石质"屋顶"坐于四根相交的圆形额枋之上。额枋各自挑出，枋头刻有寿字纹样，正面枋身刻有精美花纹。额枋下横梁上刻有卷轴样式的匾额，曰为"思敬"，两旁有花纹相衬。横梁下有雀替，垂于横梁之下，与其后的石柱并不交错。雀替两端各垂一莲花浮雕，雀替上刻有一盘旋其间的龙，龙头在雀替正中。莲花以下是石柱上的兽头浮雕，显得格外的庄严肃穆。柱下端为莲花浮雕，与雀替上的不尽相同。柱身刻有楹联"典型垂百世，俎豆永千秋"。柱础上雕有"琴棋书画"。墓阙前有

图4-24 定元、德元、耀元公之墓

图4-25 梦元公之墓

石筑案台，形象如同铺开的卷轴，案前再放一石制圆形香炉，供后人祭祀使用（图4-26）。

这四个墓阙以西还有三处石制墓阙，为陈抡元公之墓群（图4-27），其中正中最高大的墓阙便是抡元公的。屋顶为仿木制悬山屋顶，两侧博风板及椽望飞子雕刻得都十分讲究，正脊与垂脊上都雕满花卉纹样，分外逼真，正吻与垂兽为冲天龙头，仿佛冲向天空怒吼，守卫着这片墓地。屋顶之下也有横纵交错的四根圆形额枋，造型与梦元之墓类似，额枋下有斗栱，正面雕有象头，象头之下雕有类似象牙的挑单下昂。中间有一匾额书"思孝"二

图4-26 梦元公墓阙细部

字。下再交额枋，枋头雕刻兽头图案。方形石柱下有柱础，雕以花纹，石柱上部雕刻有文武官之形象，站于兽首之上，柱身刻有楹联："卜地牛眠旧，安窀马鬣新"。两柱下部之间有一石板，刻有精美花纹（图4-28）。

抡元公墓阙两侧各有一墓阙，为抡元公两位继室孺人之墓阙，造型相对较小，"屋顶"形式是仿木的卷棚悬山形式，曲线感强，两柱下部之间为刻有钱币纹样的石板。左边墓阙刻楹联："春露思言孝，秋霜食鹰时"，碑文为："皇清显妣例封孺人陈母郭太君之墓"，匾额为"介景福"（现不存）。右侧墓阙刻楹联："吉星临吉地，佳气郁佳城"。

碑文为："皇清显妣例封孺人陈母孙太君之墓"，匾额为"妥神灵"（现不存）。墓阙之前有同梦元公墓前相同制法的石案台。

图4-27 抡元公之墓群

图4-28 抡元公墓细部

三、防御性建筑

　　西湾村十分重视防御功能。整个村落建于山上,堡墙围合,如同一个封闭的堡垒。现今大部分堡墙已损毁,只在第三个堡门以西可以见到堡墙的遗迹(图4-29)。从这里可以看出,堡墙下部为条石砌筑。堡墙以内有小道,联系着西侧的三条巷道。西湾村原共有三处外堡门及三处内堡门(图4-30、图4-31),堡门现仅存门洞[1],门扇为后期修缮。堡门旁或有地漏或有排水沟,将村落中的雨水及时排出。

图4-29 现存堡墙墙基

图4-30 村中三座外堡门

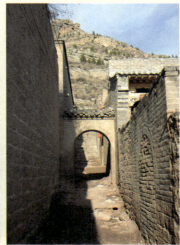

图4-31 村中三座内堡门

---

[1] 原门扇已不复存在,现门扇为后人重新修葺。

陈氏祠堂与堡墙连成一体，看似是堡墙的累赘，实则不然。祠堂与堡墙结合有两个作用。第一，祠堂的屋顶上有一个小钟楼（图4-32），古时，如有外敌入侵，位于祠堂内的执勤人员便立即敲响警钟，号召全村民众共同御敌。第二，在祠堂的屋顶之上堆放些许大石块，紧要关头，村民可以上到这个制高点，扔掷石块，抵御入侵的敌人。

图4-32 陈氏祠堂屋顶小钟楼

东财主院东院的东侧有一练武厅（图4-33），相传为西湾人习武之所，中间以过道相连，过道下即是巷道上的券洞，过道两旁用砖砌筑了护墙，仔细观察会发现护墙上有很小的瞭望口。东财主院东院上院与其西侧相邻的窑洞以暗道相连，紧急时刻为村民避难之所。

图4-33 东财主院东院练武厅修复前

第二章

装饰艺术
ZHUANGSHI YISHU

西湾村的建筑装饰多种多样,有木雕、砖雕及石雕等多种形式,内容十分丰富,多有吉好寓意。

一、门窗装饰

门窗是窑洞建筑中十分重要的组成部分。窑洞建筑只有一个外立面,即窑脸。窑脸之上设有木构门窗,供窑洞建筑的出入及日常采光,其外观相对简单,不如木构建筑立面丰富,所以窗的装饰对于窑洞建筑立面装饰效果的重要性不言而喻。

西湾村经历战火的洗礼,木质结构多半损毁,村中窑洞窑脸门窗部分虽多为翻修,但也还是古色古香,与建筑相得益彰。村中窑洞门窗样式各异,但都遵循大体框架:洞口下半部分方形区域为门扇及一个较大的方窗,窗下有砖砌矮墙承载窗框;上半部分半圆形区域正中为一较小方窗,两侧为扇形窗。西湾村的门窗装饰主要体现在两个方面,即窑脸顶部楣窗和窑脸槛窗。

窑脸顶部楣窗由正中一方窗和两侧扇形窗组成,一些重要院落的正中方窗可开启,起到辅助室内通风及自然采光之用。两旁扇形区域内的侧窗不可开启,起辅助采光之用。

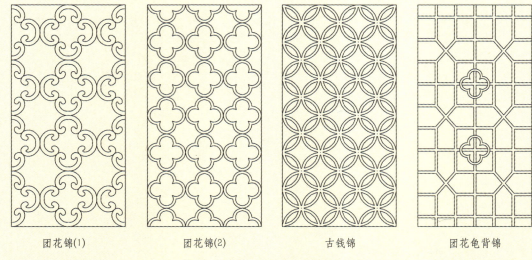

团花锦(1)　　　团花锦(2)　　　古钱锦　　　团花龟背锦

图5-1 竹苞松茂院内正房的顶部侧窗

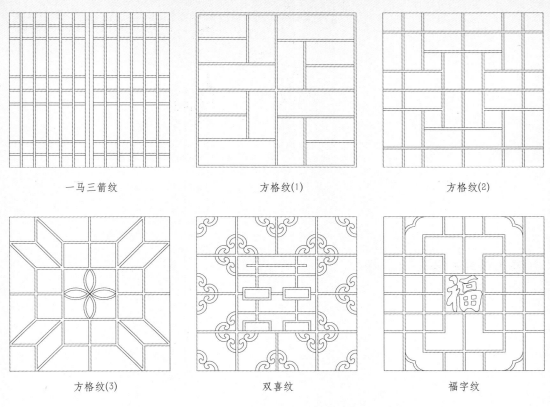

图5-2 其他院落各式窑洞的顶部槅窗

竹苞松茂院正房顶部隔窗中正中方窗多已损毁,现为后人简易修葺,两旁侧窗相对保存较好,花纹也很是讲究。有铜钱环环相扣而成的"古钱套锦"式样,是门窗装饰中十分常见的吉祥纹样,寓意财源滚滚、衣食无忧;也有常见的龟背纹样,其中用团花纹样点缀,寓意吉祥纳福(图5-1)。

而西湾村其他院落或古老或新修的窑顶槅窗同样韵味十足,有简洁明朗的一马三箭式,也有颇具特色的方胜纹,还有中刻一字,或喜或福,寓意明朗(图5-2)。值得注意的是,西湾村窑洞窑脸弧顶窗框上都会镂空刻有一小圆孔(图5-3)。

窑脸槛窗架设在窑脸前的砖砌矮墙之上,矮墙以砖砌筑,多为十一皮或十三皮。槛窗面积相对较大,是室内主要的采光口与通风口。窗棂多施以纹饰。东财主院西院三层堂窑的门

山西｜古｜村｜镇｜系｜列｜丛｜书

图5-3 窑脸顶部的通气口

图5-5 典型窑脸槛窗

  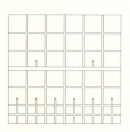 

图5-6 其他院落的窑脸槛窗

位于正中，两侧各有一槛窗（图5-4），有翻修痕迹，左右对称。窗棂之间刻有铜钱纹和方胜纹[1]，两旁的窑洞槛窗纹样与堂窑类似，布局有所不同，创造了丰富多样的装饰效果。西湾村的窑脸槛窗风格各异，无一不体现着西湾村工匠高超的制造工艺（图5-5、图5-6）。

---

[1] 多个方形或者菱形压角相叠而组成的图形或花样称为"方胜"，明清为常见的吉祥图案纹饰之一，在山西民居中尤为常见。"胜"原为一种妇女的首饰，司马相如的《大人赋》中载："低回阴山，翔以纡曲兮，吾乃今睹西王母；皓然白首戴胜而穴处兮，亦幸有三足鸟为之使。"其中之"胜"便是一种首饰的意思。胜分多种，其中一种为方胜。一方面取胜的吉祥意义，寓意"优胜"，一方面取形状的压角相叠，寓意"同心"，两者结合十分喜庆吉祥。

图5-4 东财主院西院窑洞的窑脸

二、墀头装饰

墀头为古代硬山式建筑中山墙上的一个重要组件，出现在山墙与檐瓦交接之处，起到支撑檐口出挑的作用。西湾村院落正房采用窑洞建筑形式，并无山墙一说，所以，墀头便多出现在采用砖木结构的厢房及大门的山墙之上。对于富甲一方的西湾陈氏来说，墀头装饰自然是建筑装饰中浓墨重彩的一笔。西湾村墀头装饰的内容主要分为下面几种：

东财主院东院第二层内院大门两侧山墙上的戗檐板花纹已磨损严重，依稀能看见有花瓣纹样，戗檐板下出挑卷纹。墀头重点雕刻部分位于盘头以下的上身端部（图5-7～图5-12），上枋为倒莲花座形象，上下枭饰葵花花瓣，下枋类似须弥座。主体四周分别有四根短柱环四角，柱身雕刻花瓣纹样，与其间的三面纹分离。两侧墀头正面分别雕刻有牡丹和荷花，图案下部都雕刻有波浪水纹，传统植物样式取圣洁清静、人寿年丰的良好寓意。墀头侧面雕刻都以人物为主，故事性很强，雕刻生动活泼，图案皆采用圆形画框形式，四周环以如意纹。南侧墀头北侧，图案中右侧刻有一老者坐于松树下，左侧刻有一似凤凰的瑞兽，寓意有凤来仪[1]。南侧墀头南侧，图案下部是波浪水纹，中部刻有老者坐于树下，大树右侧是群山及树林，描绘了西湾村人的生活环境。北侧墀头南侧描绘了树下童子拜师的景象，寓意

图5-7 东财主院东院第二层院大门南侧墀头的北侧雕刻

图5-8 东财主院东院第二层院大门南侧墀头的正面雕刻

图5-9 东财主院东院第二层院大门南侧墀头的南侧雕刻

---

1 意思为有神鸟凤凰来配合，寓意美好，出自《尚书·益稷》："萧韶九成，凤皇来仪。"

图5-10 东财主院东院第二层院大门北侧墀头的南侧雕刻

图5-11 东财主院东院第二层院大门北侧墀头的正面雕刻

图5-12 东财主院东院第二层院大门北侧墀头的北侧雕刻

图5-13 竹苞松茂院大门墀头全貌

西湾人的勤奋好学,墀头北侧刻有一童子骑于鱼上双手叩拜云中的月亮,寓意年年有余。小小的一方天地,既有吉祥的寓意,又渗透出浓郁的生活气息。

竹苞松茂院大门的戗檐板雕刻十分精美(图5-13、图5-14),图案内容左右对称,刻有"麒麟送子"[1]图案,图案中童子骑麒麟驾云彩,神采异常。墀头上枋饰菊花纹、卷云纹及万字纹,上下枭分饰万字纹及葵花纹。下枋饰夔龙,下衬须弥座。两侧墀头正面皆有一官人在正中,手中所携之物不尽相同,西侧携仙鹿,东侧携元宝,两者皆有财源厚禄之意,整体寓意加官受禄。墀头外侧雕刻以动物为主,有腾云驾雾的麒麟以及出水飞天的仙鹿,皆是代表吉祥的瑞兽。两墀头内侧雕刻有仙人过海以及得道升天的图案,代表了美好的景象(图5-15～图5-20)。

---

[1] 麒麟是辟邪驱魔的瑞兽,东晋王嘉的《拾遗录》中记载了在孔子出生之前有麒麟吐玉书于其家院,根据这一传说人们创造出了麒麟送子图,寓意吉祥平安、多子多福。

图5-14 竹苞松茂院大门戗檐板

图5-15 竹苞松茂院大门西侧墀头的西侧雕刻

图5-17 竹苞松茂院大门西侧墀头的东侧雕刻

图5-1 竹苞松茂院大门西侧堰头的正面雕刻

图5-18 竹苞松茂院大门东侧墀头的东侧雕刻

图5-20 竹苞松茂院大门东侧墀头的西侧雕刻

图5-19 竹苞松茂院大门东侧墀头的正面雕刻

东财主东院三层议事厅的墀头堪称西湾村最复杂的墀头（图5-21、图5-22）。戗檐板有修复痕迹，现饰以寓意好事（狮）不断的狮擒绣绳图。两侧墀头主体正面皆雕有官人形象，手持笏板，图中有琴棋书画，为个人才华的象征，寓意主人乃书香门第。侧面装饰内容多种多样，有仙鹤、仙鹿、灵芝、麒麟、童子等经典装饰图案。墀头上枋接突出卷云纹，上下皆有束腰，束腰及其上下枭皆雕刻精美图案，有佛手、夔龙、喜鹊蟠桃、宝相花、灵芝、葡萄等寓意吉祥的动植物。主体上下枭似莲花座，下枋采用须弥座，圭角处雕成象首模样，象首之间饰莲花。下侧倒三角纹以表现天界灵物为主，像一张脸，颇有灵性。图案组合流畅饱满。

图5-21 东财主院东院议事厅西侧墀头

图5-22 东财主院东院议事厅东侧墀头

东财主西院二层院落西厢房戗檐板(图5-23、图5-24)图案以竹节环绕,南侧图案为瑞狮手擒串有绣球的绳带,寓意好事(狮)不断。北侧为童子手持莲花,寓意多子多福,人丁兴旺。下盘头部分并无三面纹,造型相对简洁,只在正面雕刻花卉图案,下枋形如几凳,几腿之间饰形似帘幕的装饰。

东财主院东院二层院落内厢房的墀头装饰(图5-25～图5-36)主体部分形制与二层院落

图5-23 东财主院西院第二层院落西厢房南侧戗檐板雕刻

图5-24 东财主院西院第二层院落西厢房北侧戗檐板雕刻

大门类似，三面纹以动植物为主题，雕刻精致。东厢房南北墀头正面皆雕刻有瓶中插花的图案，南侧为牡丹，北侧为荷花，都为富贵之花，与花瓶结合，取平安富贵之寓意。北墀头北侧为"松鼠葡萄藤"图案，鼠音似"福"，象征富贵，葡萄多子，整幅图案取义"多子多福"。西厢房南北墀头正面皆刻有葵花图案，北侧墀头北侧刻有两鹿并行，取意路路平安。北侧墀头南侧刻有喜鹊站在梅花枝头，有喜上眉梢的良好寓意。南侧墀头南侧图案中有两只兔子，其中一只口衔灵芝，寓灵兔吉瑞。

图5-25 东财主院东院二层院落东厢房北侧墀头的北侧雕刻

图5-26 东财主院东院二层院落东厢房北侧墀头的正面雕刻

图5-27 东财主院东院二层院落东厢房北侧墀头的南侧雕刻

图5-28 东财主院东院二层院落东厢房南侧墀头的北侧雕刻

图5-29 东财主院东院二层院落东厢房南侧墀头的正面雕刻

图5-30 东财主院东院二层院落东厢房南侧墀头的南侧雕刻

图5-31 东财主院东院二层院落西厢房北侧墀头的北侧雕刻

图5-32 东财主院东院二层院落西厢房北侧墀头的正面雕刻

图5-33 东财主院东院二层院落西厢房北侧墀头的南侧雕刻

图5-34 东财主院东院二层院落西厢房南侧墀头的北侧雕刻

图5-35 东财主院东院二层院落西厢房南侧墀头的正面雕刻

图5-36 东财主院东院二层院落西厢房南侧墀头的南侧雕刻

三、匾额装饰

匾额是中国古建筑中必不可少的组成部。匾额中的"匾"字古时也做"扁"字。《说文解字》中对"扁"作了解释:"扁,署也,从户册。户册者,署门户之文也。"而"额"字的解释是悬于门屏上的牌匾。"匾"用以表达经义及感情,"额"用以表达建筑物名称性质，合称为匾额。自从有匾额以来，它就和人民的文化生活密不可分。匾额结合了建筑、民俗、文学、艺术、书法等，深入社会生活的各个方面，写景状物，言表抒情，寓意深邃，寥寥数字便将主人的祝福和追求完美表达。

西湾村几乎每一个重要院落门上都有匾额，以石制或木质匾额居多。匾额阳刻阴刻皆有，有的阴刻再饰以金粉，有的用笔墨直接书写，种类各异，字体多变，颇有特点。匾上内容丰富，多为表明主人身份及其追求的匾额。

竹苞松茂院正门上方悬挂石制匾额，上刻有四字"竹苞松茂"（图5-37），出自《诗经·小雅·斯干》："如竹苞矣，如松茂矣"，寓意根基稳固，子孙兴旺。从匾上的落款可知，为当时西坡的吴敬命所书，立于民国己巳年。四个字远看犹如一幅画，极像茁壮成长的树林，与书面意思十分吻合。

图5-37 竹苞松茂院大门上的匾额

图5-38 东财主东院第一层院落大门上的"福履长新"匾额

图5-39 东财主东院第一层院落中门上的"忠信笃敬"匾额

图5-40 东财主东院第一层院落中门上的"寿山福海"匾额

东财主院东院内匾额较多，一层院落大门上有四字匾额，写着"福履长新"（图5-38），表达了主人对美好生活的向往。中门上也有一匾额，正反两面都刻有四字，正面为"忠信笃敬"（图5-39），反面为"寿山福海"（图5-40），表达了主人的做人准则以及美好愿望。"忠信笃敬"是高度概括的抽象道德观念。《论语·卫灵公》中曾记："子张问行。子曰：言忠信，行笃敬，虽蛮貊之邦行矣。言不忠信，行不笃敬，虽州里，行乎

哉？"[1]反面的"寿山福海"面向院内，表达了院主的美好心愿。

东财主东院第二层院落内垂花门上走马板书四字"居仁由义"（图5-41）。《孟子·尽心上》中有："仁义而已矣。杀一无罪非仁也，非其有而取之非义也。居恶在？仁是也；路恶在？义是也。居仁由义，大人之事备矣。"由此可见"居仁由义"表示内怀仁爱之心，行事遵循义理，是主人对自身及后辈们的训诫。院内"北楼"东西两侧各有一匾额，分别为"福如东海"（图5-42）和"寿比南山"（图5-43）。

图5-41 东财主东院第二层院落内院大门上的"居仁由义"匾额

图5-42 东财主东院议事厅内的"福如东海"匾额

图5-43 东财主东院议事厅内的"寿比南山"匾额

东财主院西院的第三层院落正房上有匾额"定国先声"（图5-44），落款为"庚子顺天举人现任国子监励教候选同知世愚弟崔丙文为捐职于总□□公□先生"，左侧写有"道光□□年岁次戊戌十一月"。两侧厢房也有匾额，分别书有"达尊有二"（图5-45）和"德盛永"（图5-46）。侧间窑洞内挂"杨柳长春"（图5-47）。

---

1 其大意为，说话忠诚守信，行为忠厚恭敬，即使到了未开化的地方，也行得通。言语不忠信，行为不忠厚恭敬，就是在本乡本土，能行得通吗？这四个字是院主对自身行为树立准则。

图5-44 东财主院西院第三层院落正房上的"定国先声"匾额

图5-45 东财主院西院第三层院落东厢房上的"达尊有二"匾额

图5-46 东财主院西院第三层院落西厢房上的"德盛永"匾额

图5-47 东财主院西院第三层院落正房内的"杨柳长春"匾额

东财主院西院朝火巷的大门上有石制匾额"克昌后"（图5-48），匾额四周环以砖雕竹节，另有落款："辛巳举人刘荣恩题"。"克昌后"出自《诗经·周颂·雝》："燕及皇天，克昌厥后"。克，能够；昌，兴旺；"克昌后"意指子孙能够兴旺昌盛之意，这三字便表达了院主对后世子孙的殷切希望。

陈三锡院大门上有木制匾额，年代久远，字迹模糊，依稀能看出为"观光清时"四字（图5-49）。"观光"出自《易·观》："观国之光，利用宾于王"，意为观览盛德光辉。而"清时"出自《文选·李陵〈答苏武书〉》："勤宣令德，策名清时"，意为太平盛世。时过境迁，如今字迹虽已斑驳，但主人对于盛世的渴望之情，流传至今。

图5-48 东财主院西院第二层院落北侧大门上的"克昌后"匾额

图5-49 陈三锡院落大门上的"观光清时"匾额

耕读传家院位于第二与第三巷道之间,顺着第二道横巷向北的券洞拾级而上,正面能看见一石制匾额书"耕读传家"四字(图5-50),立于道光丙午年仲春,左下落款调元书。"耕读传家"四字在中国古民宅中并不少见,在民间流传甚广,深入老百姓之心,反映了中国古代传统的儒家思想。"耕"为耕田,养家糊口,维系生命;而"读"为读圣贤之书,通达礼义,培养身性。《课子随笔·三·宗约》中记载:"耕读为上,商贾次之,工技又次之。"可见在中国古代社会,耕读在老百姓心中的地位是十分崇高的。虽然居住在西湾村的陈氏家族以经商起家,但却并不废弃耕读。

"陈满琳"院大门之上有一石制匾额书"桂郁兰芳"四字(图5-51),石材质地上乘,字法及刻工都颇为精彩。匾额为嘉庆庚辰五月谷旦立,左下落款:润亭书。"桂郁兰芳"四字寄物抒情,表达了院主希望后代昌盛兴旺,如葱郁芬芳的桂兰之意。

"岁进士"上院内,中门之上阳刻有"岁进士"(图5-52)三字的木制匾额,匾额为双面,背面书"忠信笃敬"(图5-53),分别是院主的名衔及人生准则。而"岁进士"下院中门之上同样也阴刻有"岁进士"(图5-54)三个字。据岁进士下院居住的陈氏后人叙述,下院原先样式十分气派,院内众多匾额,但由于战火都被付之一炬。仅剩一个石制的"安且吉"匾额

图5-50 耕读传家院山墙上的匾额

图5-51 桂郁兰芳院大门上的匾额

图5-52 岁进士上院中门上的匾额

闲置在杂物堆中（图5-55）。"安且吉"出自《诗经》："岂曰无衣，七兮，不如子之衣，安且吉兮。"表妥善吉利之意。

"西财主"院大门上有石制四字匾额"福备三多"（图5-56），右上刻"癸丑孟秋"，左下刻"朗轩刘进琦题"。关于"福"字有一典故。在北京恭王府内有康熙御笔的"福"字，被誉为中华第一福，气势磅礴，浑然天成。该福字左侧看似一"子"字，右侧上部看似一"多"字，右下部又似"田"字。而左上角的一点有"多一点"的含义，于是此福字便具备了"多子多田多福"之意。民间也有"一口田，衣禄全"的说法，于是这"福备三多"作为匾额寓意就十分明显了。西湾村中还有表院主名衔的匾额数块，如"明经第"（图5-57）及"恩进士"（图5-58）。

除上述居住建筑中的匾额以外，西湾村在第三道巷道的西边堡墙上还立有一石制匾额（图5-59）。上书"欲绍先谟"，含义是希望后世子孙们

图5-53 岁进士上院中门上的忠信笃敬匾额

图5-54 岁进士下院中门上的匾额

图5-55 岁进士下院内闲置的安且吉匾额

图5-56 西财主院大门上的"福备三多"匾额

图5-57 明经第院落大门上的匾额

图5-58 恩进士院落大门上的匾额

图5-59 "预绍先谟"匾额

发扬先辈的高风亮节。据《永宁州志》记载:"陈满璞之继妻贾氏年二十六,夫故,满璞前妻遗子,氏抚育如己出,寿七十八终,已旌。"[1]相传陈满璞有两个妻子,二房贾氏是吴邑岁进士迪化州绥东县训导讳天民公之女。陈满璞中年去世,留下大房所生长子中梅(时20岁)和二房贾氏所生次子中槐(时仅4岁)。贾氏出身仕家,大家闺秀,在遭此变故之后并没有选择改嫁,而是用她柔弱的肩膀挑起了辅孤持家的重担。后来,两个孩子都学有所成,次子中槐更成为了岁进士,诰封昭武都尉。后人敬贾氏之志节,慨贾氏之不凡,就修建了"欲绍先谟"牌坊,用以教育激励后人。

四、门墩装饰

门墩,又称门座、门台、门鼓、抱鼓石,是中国传统民居宅院大门的重要构件,位于大门底部,起到支撑门框、固定大门和作为门轴的作用。西湾村的居住建筑外宅门大多相对简单,与之相应,门墩也较为朴素,只有少量的重要院落外宅门的门墩雕刻精致。

东财主院东院二层的垂花门外的这对箱形门墩上各附有一只小狮(图5-60),箱形正面有雕花,刻有竹节环绕之菊花,箱上小狮匍卧,口叼串有绣球的绳索,形态各异,绣球

---

[1] 选自《永宁州志卷二十二·孝义》,姚启瑞、方渊如、刘子俊,清光绪七年(1881年)。

的位置也不尽相同，十分生动，有"好事不断"的寓意。而陈三锡院大门也是箱形石制门墩，正面用竹节做画框，框内浮雕狮子耍绣球的图样（图5-61）。除此之外，其他有门墩的院落也基本为简洁的箱体，并无任何雕刻装饰，还有一处有雕刻的门墩位于第三道巷中内堡门处，堡门门扇已毁，仅剩门墩，一半陷入墙体之中。门墩为箱形（图5-62），正面雕刻竹绕菊花纹样，四角环有蝙蝠，虽纹样不多，但仍能感受到工匠们精湛的技艺。

图5-60 东财主院东院第二层院落大门门墩

图5-61 陈三锡院大门门墩　　　　　　　　　图5-62 土巷内堡门门墩

| 山 | 西 | 古 | 村 | 镇 | 系 | 列 | 丛 | 书 |

五、门钹装饰

门钹，清式名称，也被称之为门环，由铁或铜所制，装饰在门扇上，一般左右各一个，对称摆设，由于形状类似于民乐中的"钹"，所以称为"门钹"。门钹有开关大门和叩门的实际作用，又有装饰、美化门面的效果，是中国古代建筑中为数不多的金属构件。门钹通常周边取圆形、六边形或者八角形，中部隆起成球面，上安装铁环，并与门板结合在一起。制作材料一般有铁、青铜、黄铜等，工匠根据主人的身份、等级、要求，打造不同样式的门钹。而古代统治阶级对于民居门环有非常明确的等级制度。《明会典》记载："洪武二十六年定：王府、公侯、一

图5-63 竹苞松茂院大门门钹

图5-64 东财主院西院二层院落大门门钹

图5-65 岁进士下院一层院落大门门钹

图5-66 东财主院东院内各层院落大门门铍

品、二品府第大门可用兽面及摆锡环；三品至五品官大门不可用兽面，只许用摆锡环；六品至九品官大门只需用铁环。"

西湾村中的门铍多是正方形、六边形及圆形，边缘或朴实无华，或做成"如意花纹"（图5-63～图5-66）。在门铍叩门处还有月牙形的铁片，叩门时，门环触碰这个构件，发出声响，同时起到保护木门的作用，后来渐渐被赋予了装饰功能。

六、户对装饰

户对是装饰于门楣上的构件，多为木制，经常用于体现宅主身份和地位。因为其位于门户之上，且成双成对，所以称之为户对。古时户对的多少与主人官位高低成正比，三品以下官宦人家的门上有两个户对，三品有四个，二品有六个，一品有八个，只有皇宫之中才会出现九个户对，有九鼎之尊的含义。户对多为短圆柱形，其实与古人的封建思想有一定关系，古时重男轻女，户对的造型其实是人们生殖崇拜、重视男丁的观念的表现，用这样的造型祈求人丁兴旺，香火永传。

在西湾村中，可以看见很多院落都有户对，虽都只有两个，但也是当时西湾村作为

图5-67 东财主院东院一层院落大门户对

图5-68 东财主院东院二层院落大门户对

图5-69 陈三锡院大门户对

图5-70 四合院大门户对

商宦世家的一种体现。东财主院东院第一层大门门楣上有两个户对（图5-67），雕刻成菊花纹样。菊花不畏寒秋傲然开放，被视为是高洁傲霜的象征，以此为户对也体现出了院主的思想品位。第二层院落内大门也有雕刻成花瓣形状的方形户对（图5-68）。

陈三锡院同样也有两个户对（图5-69），为圆柱形，柱与门楣交界处环以一圈雕刻精美的如意纹，柱头浮雕"福"字纹样，十分喜庆。四合院的户对雕刻奇特（图5-70），并不是单一的柱形样式，整体雕刻成球形的花朵样式，像待怒放的花苞，象征家族的勃勃生机。

七、脊兽装饰

脊兽是中国古代建筑装饰在屋脊上的砖雕。根据所处位置的不同，分为正吻、垂脊吻、蹲脊兽、合角吻、角戗兽、套兽等多种形式。《宋史·舆服志六》记载："凡公宇，栋施瓦兽。"脊兽从最初固定支撑的结构作用，逐渐演化成赋予装饰和等级作用于一身的结构构件，难怪梁思成先生评价，"使本来极无趣笨拙的实际部分，成为整个建筑物美丽的冠冕。"西湾村虽经历战火，存留脊兽不多，但样式各异，颇具特色（图5-71）。

图5-71 西湾村的各式脊兽

八、雀替装饰

　　雀替是中国传统建筑中颇具特色的构件之一，宋代称"角替"，清代称之为"雀替"，又称"插角"或"托木"。雀替置于建筑梁枋与柱相交之处，目的是为了缩短梁枋的净跨度，增加梁枋承载力。经过长期的发展，雀替的结构作用渐渐淡化，装饰作用渐渐凸显出来。

　　议事厅檐廊雀替装饰样式丰富（图5-72、图5-73）。明间雀替雕刻祥云纹，云纹打磨呈轻微弧面，勾以线脚，颇为生动。云间伴有枝叶，与梁交界处叶片回转，处理巧妙，让木雕更显柔美一面。两旁次间雀替雕刻回字纹路，蛟龙出没其中，龙口大张，十分生动。两边梢间雀替与明间相同，每个雀替之下都有瓜栱装饰。

　　岁进士上院正房檐廊之下保存若干雀替，样式与"议事厅"类似，也有云纹和回纹两种雕刻纹饰（图5-74）。除以上叙述之外，陈氏祠堂内厦檐下以及陈三锡院大门内有木质雀替，都雕刻有柔美线条的花样纹饰（图5-75、图5-76）。

图5-72 东财主东院议事厅外廊雀替细部

图5-73 东财主院议事厅雀替

图5-77 东财主院议事厅斗栱

图5-74 岁进士上院一层院落内厦檐下雀替

图5-75 陈氏祠堂厦檐下雀替　　　　　图5-76 "陈三锡"院大门雀替

九、斗栱装饰

斗栱是中国建筑特有的结构，多为木制，位于梁柱交接处。柱顶上一层层挑出的弓形支撑结构称为栱，栱和栱之间用以衬垫的方形木块称为斗。斗栱层层向外挑出，扩大承重面，用以支撑屋檐，使得屋檐能够大尺度外挑，是中国传统建筑中十分重要的造型特点。

"东财主"院东院"议事厅"的斗栱（图5-77）位于平板枋之上，每两柱间有四座，

图5-78 东财主院议事厅斗栱细部

瓜栱边有装饰构件,但缺失较多,瓜栱承载的升之间也有花纹构件,风化严重,依稀能辨认出有线穿铜钱的纹样。瓜栱之上的耍头与无柱厦檐的窑洞耍头类似,正面雕刻一龙头,两侧纹样并不相同,其龙头略有差别:东侧施以拐子龙纹,形态独特,龙身转方角,线条简洁苍劲;西侧则沿龙头雕刻了一段龙身,使龙的形象更加生动(图5-78)。

东财主院东院第二层院大门上的斗栱异常精美(图5-79),梁枋之上雕刻成菊花花瓣样式的斗承载梁檩,耍头采用云纹花饰。檩条之下的木雕也十分生动,云纹及花朵相伴其中,整体雕刻,工艺精湛。

图5-79 东财主院东院二层院落大门上的异形斗栱雕刻

图5-80 陈三锡院大门斗栱及檩下雕刻

陈三锡院大门梁枋上有三个斗栱，左右两个各做一半，嵌入山墙。中间斗栱正面雕刻如意云纹样，斗栱上原有简易彩画，两栱之间有薄板镂空雕刻（图5-80）；左侧雕刻莲花及仙鹤图样；右侧雕刻梅花及仙鹤图样，莲花圣洁，梅花坚贞，仙鹤寓意延年益寿，一派吉祥喜庆的景象。

图5-81 东财主院东院议事厅檐下的穿插枋头

西湾村居住建筑中的穿插枋也颇具特色。所谓穿插枋，就是用于抱头梁或桃尖梁之下[1]，以联系檐柱与金柱的枋。在议事厅檐梁之下便有雕刻精美的穿插枋（图5-81）。枋身与南方穿插枋相比较细，枋头正面雕刻如意云纹，下有一小斗承接，梁头之上也架有精美木雕，木雕左右对称雕刻刘海戏金蟾的图案。相传刘海是五代时期燕国的丞相刘操，后来受点化出家为道士，取法号海蟾，跟随吕洞宾修道成仙，而民间认为刘海便是财神。图案中，刘海以蓬发赤足的童子形象出现，脚旁有三条腿的金蟾蜍，刘海手持穿钱绳钓出了金蟾，寓意招财进宝、大吉大利。而蝙蝠通"福"，铜钱通"前"，两者同时出现便有福在眼前之寓意。小小一块木雕便有如此之多的内容和寓意，着实叫人感叹。

---

1 抱头梁：用于无斗栱大式或小式建筑，位于檐柱与金柱之间，主要承担檐檩以上的重量；桃尖梁：在带斗栱的大式建筑中，位于檐柱与金柱之间，相当于抱头梁的位置，将端头做成桃形的梁称为"桃尖梁"。

十、耍头装饰

西湾古村的窑洞建筑按照门前有无柱子可以分为两种,一种为"明柱厦檐",即窑脸前有木柱支撑的厦檐空间,跟四合院建筑中的抄手游廊类似,起到遮风避雨以及停留休憩的作用,多为有钱人家才能建造。还有一种并无木柱支撑,但也有厦檐,称之为"无根厦檐",厦檐被一石制出挑构件承接,西湾人称其为"耍头",与传统意义上的耍头并不为一物[1],但位置以及作用与之相似。西湾村的耍头末端刻有曲线感很强的花纹(图5-82~图5-87)。

图5-82 竹苞松茂院内耍头

图5-83 东财主东院内耍头

图5-84 东财主院西院内耍头

图5-85 耕读传家院内耍头

图5-86 岁进士下院内耍头

图5-87 四合院院内耍头

十一、拴马石装饰

拴马石也称拴马桩，常见于北方，用于拴马，桩头桩颈运用圆雕、浮雕、线刻等手法。西湾村内由于土地紧张，山路陡峭，没有过多的入口空间立桩做拴马之用，重要院落多在南罩房隔一间出来做泊马之用。整个村落只在三处有造型简易砌筑在院墙上的拴马石，分别在东财主院东院下院、木巷末尾处的堡墙（图5-88、图5-89）及恩进士院前。

虽说村内没有像样的拴马桩，但与村落遥相辉映的湫水河对岸的墓地内却有五根雕刻十分精美的拴马桩（图5-90）。五根桩下衬几凳，桩头的圆雕都不相同，有蹲坐的人偶，有坐立的雄狮，形态各异，雕刻细腻（图5-91~图5-95）。

图5-88 东财主院东院一层院落院墙上的拴马石

图5-89 木巷尽端堡墙上拴马石

图5-90 墓地内的五根拴马桩

图5-91 第一根拴马桩细部

---

1 通常传统建筑的"耍头"，为木质斗栱中，在最上一层栱或昂之上与令栱相交并向外伸出的构件，隋唐开始出现并发展，后也作装饰之用。

图5-92 第二根拴马桩细部

图5-93 第三根拴马桩细部

图5-94 第四根拴马桩细部

图5-95 第五根拴马桩细部

附 录

附录1 历史建筑测绘图选录[1]

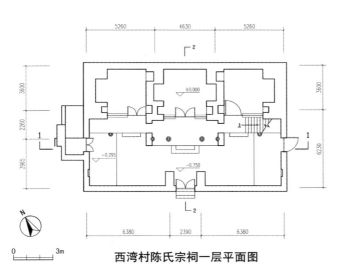

西湾村陈氏宗祠一层平面图

西湾村陈氏宗祠屋顶平面图

西湾村陈氏宗祠细部大样图

---

1 本测绘图为山西省住房和城乡建设厅组织的"山西省古村镇保护利用与减贫方略研究—测绘与导则"项目资助成果。该项目为"中国经济改革实施技术援助项目（TCC5-C03-08）"。具体承担单位有北京交通大学、东南大学、西安建筑科技大学和太原理工大学。西湾村的测绘图由西安建筑科技大学完成。

山｜西｜古｜村｜镇｜系｜列｜丛｜书

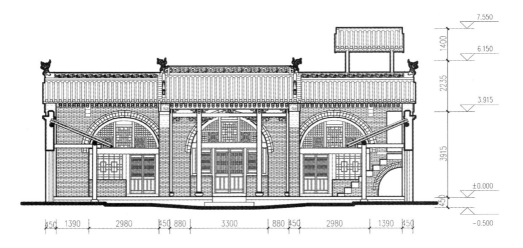

西湾村陈氏宗祠1-1剖面图

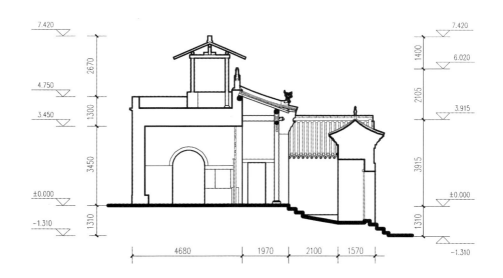

西湾村陈氏宗祠2-2剖面图

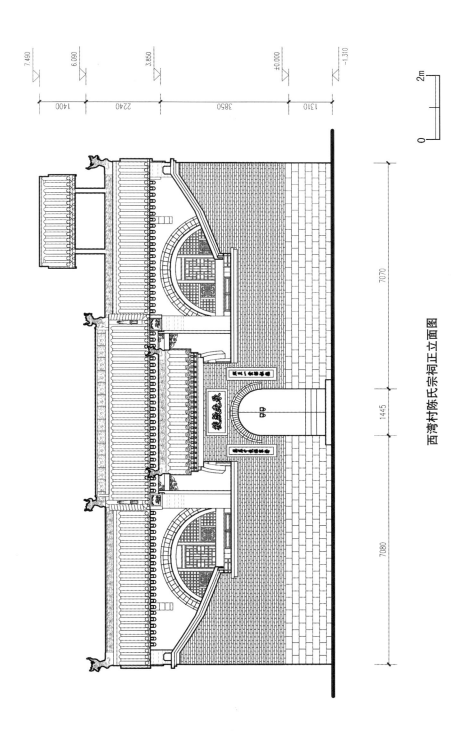

西湾村陈氏宗祠正立面图

山|西|古|村|镇|系|列|丛|书

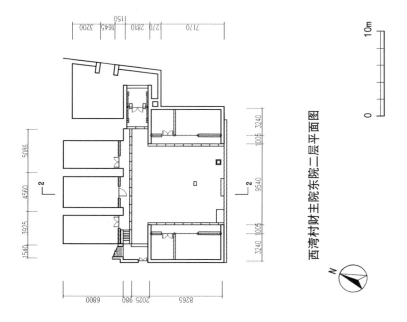

西湾村财主东院二层平面图

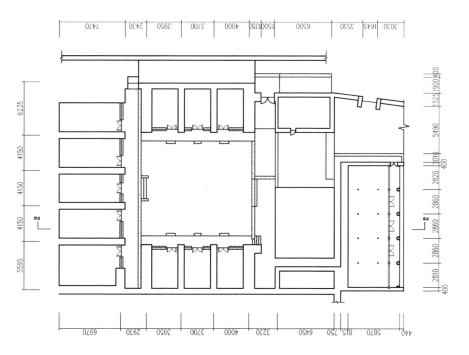

西湾村财主东院三层平面图

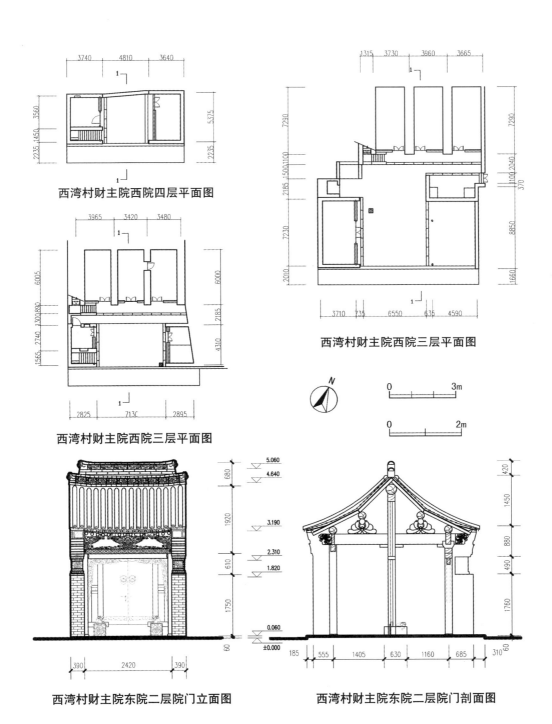

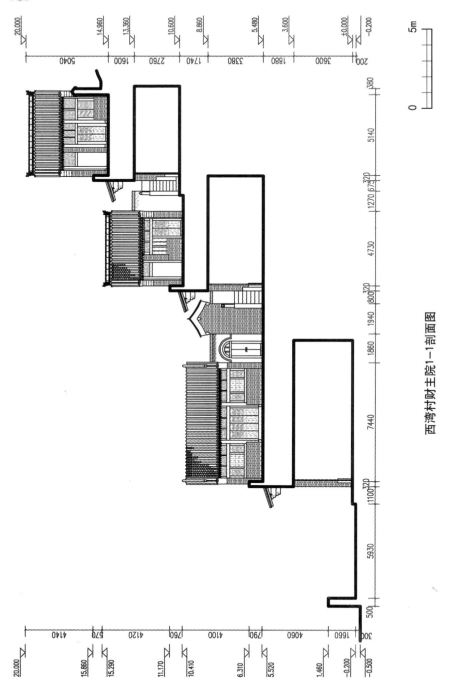

西湾村财主院1-1剖面图

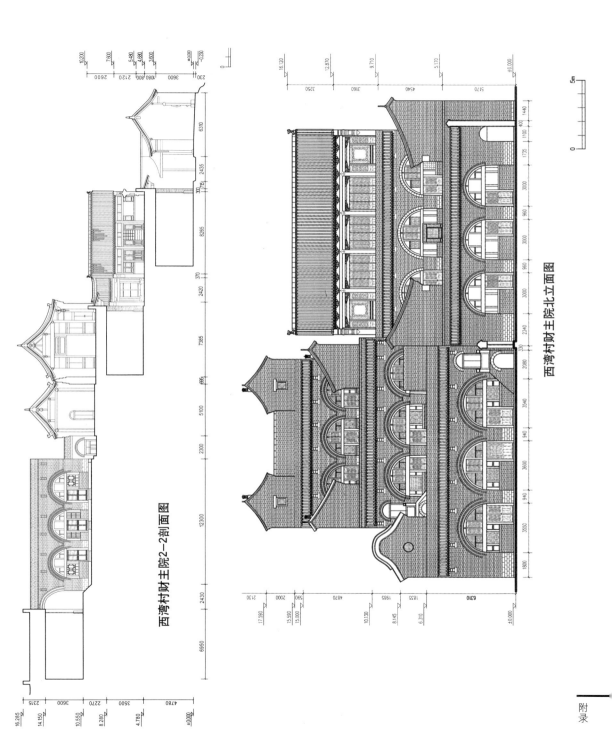

山|西|古|村|镇|系|列|丛|书

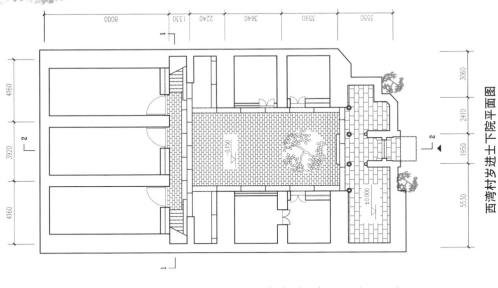

西湾村岁进士下院平面图

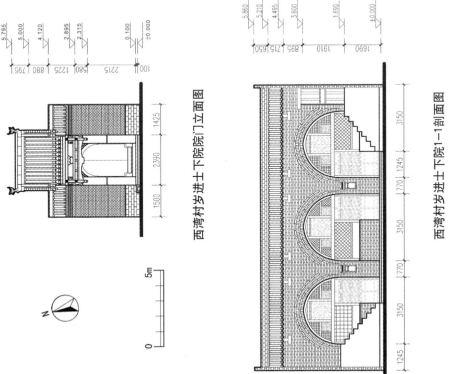

西湾村岁进士下院院门立面图

西湾村岁进士下院1—1剖面图

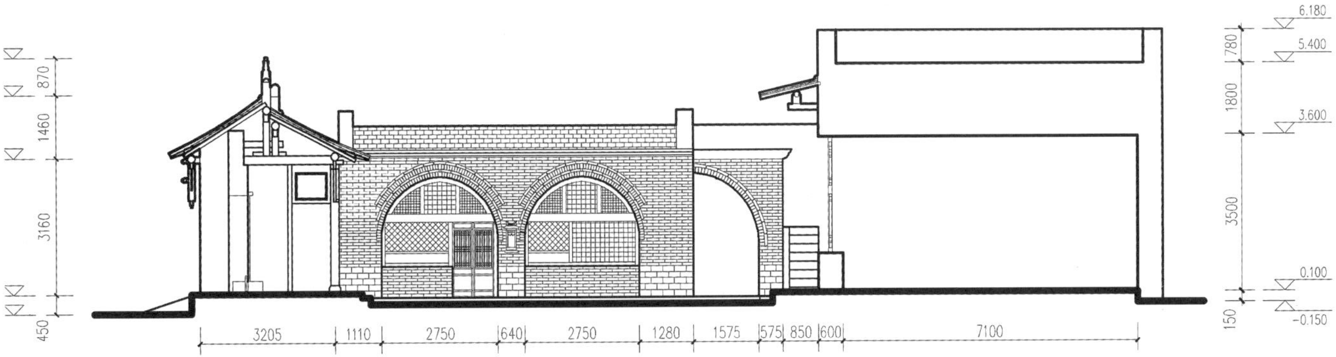

西湾村岁进士下院2-2剖面图

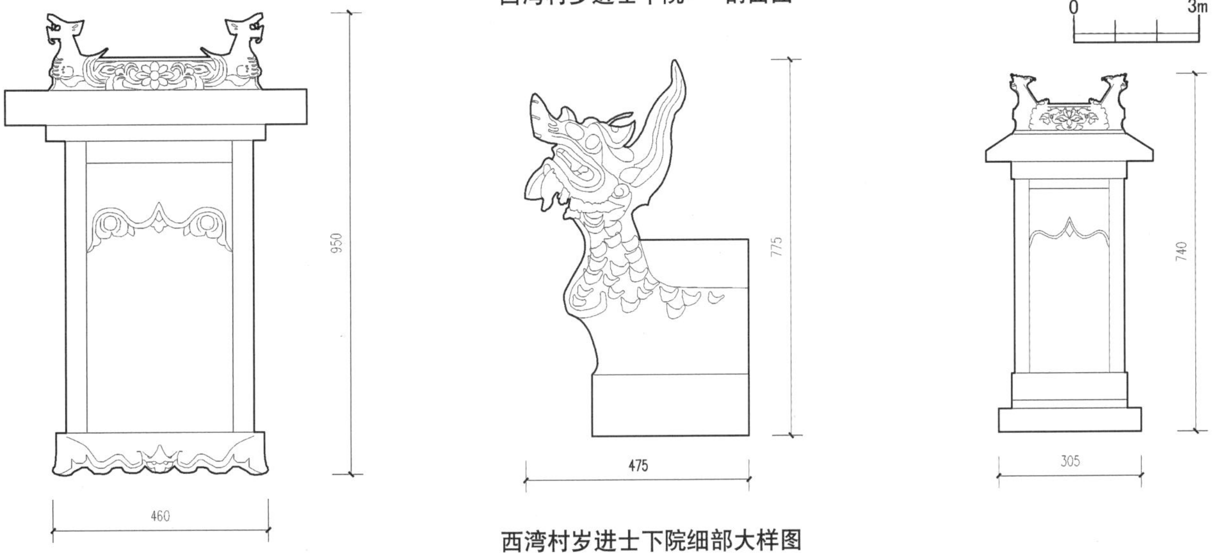

西湾村岁进士下院细部大样图

附录2 《陈氏家谱》摘录

1. 陈氏家谱序

盖闻家谱一书，世世相承，代代相传，上以妥先人之灵，下以绵子孙之泽，其典甚重，其事甚大也。乾隆庚寅，余侨居西湾，叨以西席。陈氏培珩，与余交最深，兼以同盟，殷殷为余言曰：我家谱修辑已就，为我一书，以乘久远。余闻之，不禁欣然曰：一本九族支派，由是以清，祖宗子孙名号，由是以正，诚美事，诚近今所罕见者。但余笔墨粗俗，恐善于作，不能善于书，其有累与作者美意也实甚。然究不得以不书辞，虽亵先人之名号，贻后人之耻笑，亦有所不顾也，是为序。

      乾隆三十五年岁次庚寅应钟之月中旬二日临邑入学增广生员白长源顿首书

2. 家谱规条序

闻之水源木根，厥初系出一本，支分派别，后嗣衍为九族。由是亲者日疏骨肉寖薄，近者渐远，祭祀始岐，各敬乃父乃母，谁念同一父母之子，自顾吾曾吾祖，不思非两曾祖之孙，世风不古，大抵皆然，积习成弊，随在如是。今候铨州判陈公讳三锡字金之者，慨然兴叹，不忍坐视，爰集族中之父兄子弟，公议祀典，遂于清明佳节，各奉香仪，为之携酒牵羊，以享祖茔。是日也，即与茔中序昭序穆，长者坐于上，幼者侍于下，抵酬樽饮，共乐余荣。一以妥先人之灵，一以慰后昆之心，而陈氏宗派永无论夫亲疏远近矣。况礼宜合享，不得效世俗之分崩离析，仪尚隆厚，勿使沿庸常之簟食壶浆。庶公公正正同享一案馨香而服本，斯为有礼，百世本支共食一席胙余而亲睦，于以可风。特以人情厌故喜新，靡不有初，鲜克有终。故奉此规矩于百代，必须定条约于今日。谨将逐条开列于左：

      时 乾隆二十五年二月初六日临邑 膳生员高文发谨撰

3. 家谱规条

第一条 每岁祭具合备数棹，酒毂香楮务办精洁，不可糊涂了事。
第二条 所备祭馔或猪或羊，视年岁之丰歉、人力之厚薄，因时增减，不限定额。
第三条 临祭日期，除因生理远出他乡，不能遽归，以及老幼疾病，不能动履而外，务要长幼同赴祖茔，排班祭拜毕，或有公事急务未经言明在前，擅不与祭者罚钱一伯文。
第四条 祭毕品物，即时于坟内预备酒皿具，大家公用，不得分携于家，不到者亦不许分留。
第五条 到坟地时，礼取其恭，情取其和，共话家常，不记凤愿，尚有乘酒发怒喧哗闹嚷者，罚钱一伯文，甚至恶言骂辱斗殴相争，罚银一两。
第六条 所费之数不论人之老少、家之多寡，悉依册内有名男子照数公摊。
第七条 每年必着二人经理办领轮流允应，周而复始，不许失误，如失误者，罚银一两。
第八条 每生一男，外纳钱一伯二十文，娶一妇，外纳钱一伯二十文，入泮一名，捐监一名，各纳银一两。

补廪一名，捐贡一名，各纳银六钱，岁贡一名，各纳银一两，举人一名，进士一名，各纳银五两，授职一名，各纳银二两，铨官一名，外纳银十两，以上所纳银两，俱入于公中，以备祭祀费用。

第九条 所立册簿，着当年经理纪首收藏，如有损坏，罚银一两，内有或生或亡之数，待来年清明日，同众当面添注分明后许交还。

第十条 凡所立条约，务要一体遵行，如有违拗不受者，罚银一两，再不甘罚者，另分册外，永不与共事。

4.陈氏家谱序

家谱何为作也，将使先人之名号德行弥久而光也。盖人生，有尽者形而无尽者神，谱以传之，原原本本，形虽没而神常在，则家谱顾可忽乎哉。乾隆三四年间，先王父金之公始立祀典，每岁清明佳节，偕族中之父老子弟，佥诣祖茔排班设奠，其意美其法良，报本追远者固应如是。但询先人之名号行略，则墨墨无所传闻，呜呼！从无家谱之作，与抑世远年湮亡失而不存，与心马憾之，安得起九京而问之夫名字弗详，子若孙有雷同先代者矣，行略无传，子若孙有败坏家法者矣。且世系莫稽，则茔域日疏，数代而后，有并先人坟墓而不知其何所者矣，呜呼！苟有人心者，能无痛哭流涕耶？缅我先人，始祖以上虽无所考，而始祖一下犹有可稽，自兹以还，凡我族属，每岁于清明日，祖茔设奠，完无玩误，其子命受室，各书与乃父名下曰：某某夫人，字号职衔各书于本人名下曰：若若，令后之人一览而知。无若我始祖以前，遗厥名号德行使我抚心而痛也。勗哉，后人志先人之志，事先人之事，长字其幼，少事其长，遗先人以令名则果，遗先人以秽名则不果，先人有灵，庶几罔怨而罔恫矣。

乾隆三十五年岁次庚寅三月戊寅朔越五日
六世孙儒学生员陈满瑜薰沐书

5.陈氏家谱说

陈氏世家永宁州文北都，一姓二户，父老相传，二户原系同宗，南山老茔塲二户祖茔在焉。厥后因审编，二八两甲开始分焉。寨则坪三宽等、霍家沟三思等、圪垛村三让等、西头村三仁等为一户，隶于二甲。余一户则隶于八甲，而散处于各方焉，或居圪垛村，维孝、三考、秉明等是也；或宅西头上，满兴、满柱、满梁等是也，或筑王家山，满月等是也，或间居于岐河两村，秉仁、秉户、秉亮、秉礼等是也。此数支者，祇记其与余为一户，而几世几传已不可考。余一支则居西湾村，谨按义旨所载，上系一祖曰儒公，下列五祖一曰先谟公，二曰先讲公，三曰先思公，四曰先诵公，五曰先诰公。顾或则流徙他乡，或则亲属已竭，余不敢以冒谱。惟先讲公一派，犹有可考，满金、满庆、满江、满兰等是也。然其世系名号，亦无所传，将何以谱？兹谱者！惟余始祖一派耳。从伯父蕴德公为余言曰：咱是老二门子孙。呜呼！余一户之世系莫稽，天耶！人耶！不必深求，吾一支之名号无传，悲耶！泣耶！何处追寻。此其间大抵明末清初，离乱使然，没奈何，谱自吾老二门始。先王父常以俚言惓惓嘱余曰：若要有敬老祖，窃思尊祖敬宗，无过家谱一事，而支派不可以不辨。余因而有是说。

六世孙陈满瑜谨述

6.家谱凡例

一 代数

惟始祖不书世代以上，无稽也，亦以著生民之初也。始祖之子，吾高祖也，即以第二代发凡起例，第三四代以及十千百万代各书姓名于代数后，其代数字样要另立一行大楷书。

二 姓名

凡某某姓名亦必答楷书另立一行竖一行，庶便后人查阅。

三 先后

凡伯仲叔季长幼先后大楷挨书，兄弟以此别，长幼子孙以此究。本支为本者，奉四代神于堂，为支者，各以物助祭，展其孝思。

四 世系

凡大楷代数之后，高一头大楷总书某公男几列之左，所以提纲也，再另一行大楷姓名某人，即以小楷缀字号于名下，再另一行小楷妻氏外党，再另一行小楷男某名，再另一行小楷孙某某，再另一行小楷生卒年月，茔域坐向，读书上达者再另一行小楷某年某某进身，其有懿行高文者载行述以乘永久，伯叔昆第排班以毕，高两头总大书某公几孙如右者是，此又所以絜领也，夫必提纲絜领者何举一代而五代具备，令后人知世系焉。

五 茔域

凡祖宗墓场必立碑碣以志不朽，其生卒月某山某向必书碑碣中。为子孙者须素习地理卜葬，即不求佳山水，亦必择温暖片壤，慎毋蹈弃尸之咎。

六 念祖

先王建官置师，以六行教万民何也？为其有父母也，故教以孝，为其有兄弟也，故教以友，为其有同姓也，故教以睦，为其有异姓也，故教以姻，为其有邻里乡党、相保相爱也，故教以任相周相救也，故教以恤。我先人孝友传家，六行无亏，为子孙者念先人懿教，士修德而农食力，我先人当亦含笑而瞑目矣。

七 保身

穷约之家，衣食维艰，焉有酒色之累。稍稍温饱累于此者，正自不少，酒乱后天，其祸将大，色伤先天，其害尤切。爱子弟者，须要提防，至于好赌游荡，不务本业，其可教，或温语劝之可也，其不可教，即厉言责之可也。要而论之，父兄之教不先，子弟之率不谨其究也，责在父兄。

八 和睦

自身而子，自子而孙，子非一子，孙非一孙，数代而后，支则分矣，派则别矣。亲亲之杀礼有固然，溯流而上，本之则一。须于伏腊岁时，数为宴会，些小嫌隙，置之不闻。至于红白二事，尚有不给，则共力相助，为族人劝、为祖先光。

九 闲家

妇有三从四德，在家从父，出嫁从夫，夫死从子，此为三从。妇德在柔顺，妇言在简默，妇容在朴素，妇工在织纴，此为四德。至于七出之条，人皆知之。

十

血，入谱固宜，尚非吾始祖支派，不得过继入谱，恐乱宗也。常言有义儿，莫义孙，人都差解，夫儿以义称，已非我种族，况于孙乎。考之非无义孙之例，义儿受产不得于亲儿等，但持少分而与之，不许逼逐，亦不许载名世代之列。至于应继爱继，事虽两般，理皆可通，但无继嫡继孤之例耳。

十一 忤逆

常见人家子弟，在父母前有因分财产而怨父母不均者，有听婟妻言而怨父母不慈者，有遮饰已过而怨父母不道者，有放肆奢侈而怨父母拘管者，有饮酒嫖赌而怨父母钤束者，有私其妻子而不顾父母衣食者，有厚与外戚而薄父母用度者，有执定轮养而至父母饥寒者，有父劳耕牧母劳井臼夫妻偷安而还说父母不是者，有父母患病不请医药而借言老病难治者，有父母衰老不行扶持而辄言应该作蛊者，若此之类难以备述，呜呼！父母在日，不肯孝敬，视如路人，及至没后，却乃披麻戴孝，假声号哭，饭僧供佛，盛张鼓乐，侍奉宾客，恐不尽情，札造楼碑，纸人纸马，炫目壮观，徒有千金之费全无一毫之益，不遵大圣成言，且败文公家礼，暗室亏心，神会披检，祸福报应，不差半点。谨告后人，有则改之，无则加勉。

十二 放肆

常见人家子弟或凭少年豪气，或仗祖父权势，胸襟高傲，语言刚强，眼空四海，欺侮一方，好评人之丑态，不责己之过失，口胜鱼肠利剑，舌赛吹毛快刀，虽善饰非拒谏，难逃乡评舆论，一日时衰运去，祸起萧墙，陷入重罪，淹禁缧绁，盖为不仁之所召也，呜呼！岂若屈己右人，守礼惧法，存心恭谨，安分修德，使乡党称为端人乎。

十三 斗讼

窃见俗人，倡闻一言之忤不忍，或锱铢之利不均，辄至斗殴构讼。夫我欲求胜于彼，彼欲求胜于我，□仇相结，怨怨相报，遭官刑罹重罪，禁囹圄，苦不堪言。以致父母忧泣，兄弟愁怨，妻子惊哭，朋友叹息，捐千金而命不保，用百计而无隙可脱，破家荡产，贻祸儿孙，尚未已也。呜呼！岂若忍一时退后一步，饶让一着，庶几安家乐业，享厚而为善人。

十四 续谱

闻之莫为之前，虽美弗彰，莫为之后，虽盛弗传。余今日者，止能知六世，使不由吾身而笔之，以告后人，将六世而下，更历六世，并不知有十二世之祖矣。虽美其曷彰乎，是前人之责不容己也。至非由吾后而续之，以继前人，将七世而下，更历七世，且不辨夫十四世之次矣。虽盛其曷传乎，是后人之责所系重也。今以先人之口授参校详审缮定成牒，世世相承，岂能无贤子弟可续谱者。当必以续谱为继志述事之大，慎勿忽诸。

十五 藏谱

家谱一书，先人之灵，实式凭焉。使收藏不安稳，奉持不洁净，不惟无以妥先人之灵，亦并无以延子孙之绪。今而后代代相承，必择族中之贤子弟可续谱者，务要收藏于洁净安稳之处。一不可遗失，二不可亵渎，尚有遗失亵渎者，除以家法责处而外，罚银十两，重加修辑。

十六 讲谱

右例数则，余窃访诸前贤，要皆切中俗病，有关身家善继善述之大务，虽闻见寡陋，笔墨荒唐，不足以视外人，未始不可以训子弟。今而后每遇岁时伏腊，必集族中之父老子弟，家庙拜祭毕，将谱从头至尾申诰一遍，务要一体遵行，万勿视为陈言。

六世孙陈满瑜敬著

7.家谱重要人物记载（摘录）

陈满瑜

陈满瑜　字佩珩

妻　李氏　本郡号润斋讳一治公之女

继　郝氏

乾隆甲申冬蒙 景大宗师入文库补博士弟子员

甲辰冬，蒙恩选明经进士。癸丑岁，国子监肄业，三年报满分，发本省试用。丙辰岁，署交城县儒学教谕。庚申岁，署汾西县儒学训导。戊辰岁，举乡饮大宾。后复举者数次，辛未岁，蒙藩台复委，署榆次县学事，以老故坚辞不就。

生于乾隆三年二月十五日戌亥，卒于嘉庆十八年五月十二日，辰时附葬后湾坪新茔。

陈满琳
陈满琳　字雍玉
妻成氏　临邑讳廷材公之女
继配薛氏
嘉庆甲子春入太学补博士弟子员，道光十五年举乡饮介宾
生于乾隆四十一年四月二十六日午时，卒于咸丰六年八月二十五日卯时，葬后湾坪甲山庚向
公富而好礼，俭而适中，恤孤怜贫，好善乐施人也。郡人王居仁者，官银匠也，因粮银有差，拘于省衙。家贫，束手无策。闻公慷慨而无半面交，然困急无法，遣子谒公，贷钱数十千文，得活命后，如数偿还，赠"仗义济急"四字旌之。有亲属杨某兄弟者，因分产起争端，将涉讼，人劝不解，请公至两造，责劝，直言不讳，曲直分明，事遂释然，一家称至公焉，仝赠"好礼可遵"四字匾额以旌之。公善建造，远近神官梵宇，危楼杰阁，皆敦请经营。碛口镇河南坪重修青龙庙，公举经理，公日夜忧勤，辛苦毕至。新建古刹院、重修西云寺，公戴星出入，自卑饮食，能静上人常言：有一日造饭已熟，一工拈杓一搅，蛙漂锅内，工匠数十人皆视而不食，众经理皆恐。公言虾蟆乃水中固有之物也，身先食，众皆吐出，然见公食，亦鼓舞而皆食无余焉。秦人某甲，挈眷流寓，比屋而居，值荒年，将粥其妻子。公多方调护，始得保全，迄今儿女成行矣，夹河歌颂其德不衰云。自奉菲薄，夏着粗布衫，冬披山羊裘，每逢残腊，预储缗钱，以待贫不能度岁者，量人以给之，不期其偿，率以为常。近村旁往碛路屡为河水所圮，人避行高阜坡，坡陀巇巘，颠仆踵接。公于山麓买田数亩，中辟一途任辇，皆便之，且许无归旅亲权厝于侧，今无空地。经其地者，无不感叹焉。公没将葬，时在十一月望后，虽有徒杠，窄不能行，欲走水上而棺椁甚重，薄不可支。正在忧愁而天气日复和煦，冰渐消。至葬之日，水暖冰释，可爱如春，公之柩即顺河而过焉。乞丐焚香哭奠，白衣路祭送行，两岸无隙地，观者如堵，莫不咨嗟。众曰：此盛德之所感也。公一生善行最多，兹列其数事之昭然耳目、脍炙人口者，以志不朽云。

陈辉章
陈辉章　字映衢
妻王氏
同治年间，回族反叛，及陕境，公与本邑总兵李能臣、临邑状元张从龙等共事守御，功劳卓著，钦加都司衔、蓝顶、五品军功，敕授昭武大夫。重修卧虎峁，功绩甚佳。及整理地方大道，公益不少，乡里称赞，故有"永西人杰"之匾额，葬后湾坪。

附录3 碑文选录

1. 思孝堂碑

盖闻万物本乎天，人本乎祖，此报本返始，古人所为，奉先思孝也。余家本士庶，祀其先于寝。今年春，爰卜筑于宅之西南隅，始构堂而祀之，自始祖师范公而下，历二世以三，秉、满、□□□世之祖祀于一堂，广孝思焉，因额其堂曰：思孝堂。

2. 思孝堂碑文·创修陈氏祠堂序

古人将营宫室，先立祠堂与正寝之东以奉先世神主，盖以神灵未安，则子孙不敢宴处，况一族之中支分派别，聚散无常，不有始祖一祠以联之，□数传而后代渐远，尊卑失序，有不知其□□氏之子孙者矣，此宗祠之不可不建也。□□□祖父虑先泽之久湮，子孙之失序，曾修谱□□之而有志建祠，特未逮耳。余于咸丰元年承先志，因聚族而谋之，佥有同心，爰将族中遗赀积数年始获钱五十余缗，因择于宅之西南隅创修一祠，俾后世子孙陈笾豆、荐时食，继继承承以相守于勿替。虽规模狭隘，而报本睦族，抑庶于先志不相谬耳。至于崇尚虚名，侈谈世□，将一本九族之谊略焉弗讲，虽炫耀耳目，震惊遐迩，而本实已拔，曷取乎枝叶之未有害也。正值祠成，聊序其大略，以志不朽云。

八世孙庠生焰纶沐手敬撰
同宗孙增生渭祥熏沐敬书
大清咸丰八年岁次戊午三月上浣合族敬立

3. 孝思墓碑文

庠生、例封修职佐郎选初陈公碑志。公讳论元，字选初，姓陈氏。世居永之西湾村，祖以上即称素封，好善乐施，远近推德门焉。同产五人，公居长。少颖异，博学能文，年二十余以冠军入郡庠，复肄业晋阳书院，课聘高等，诸名士咸敬重之。嗣以历科不遂，退休于家。性嗜书，日临砚不少倦，兴会所至，宛得古法外意，以故求字者恒踵接于门，公亦乐不为疲，从不一吝挥毫。今公虽殁，而笔迹传流，犹令人称道不置云。公生于乾隆五十五年六月初一日巳时，享年五十岁，寄葬后湾。同治七年二月十八日始合葬于巽山乾向之祖茔茔塌上，鸣曰：伊古儒行，才学艺珍，风流博洽；先生为人，文坛树□，家声以振，书法秀娟，遐迩流布，没世而称；□是之故，纳铭碑中，以志公墓。

愚侄优廪生员刘远新顿首拜撰
族侄廪膳生员陈渭祥顿首拜书
同治三年八月十五日敬立

附录4　匾额汇总

匾额内容	匾额所在位置
竹苞松茂	竹苞松茂院大门上
忠信笃敬	东财主院东院下院中门正面上
寿山福海	东财主院东院下院中门背面上
福履长新	东财主院东院下院大门上
居仁由义	东财主院东院中院内院大门上
福如东海	东财主院东院中院议事厅内
寿比南山	东财主院东院中院议事厅内
观光清时	陈三锡院大门上
耕读传家	耕读传家院院墙上
桂郁兰芳	桂郁兰芳院大门院墙上
忠信笃敬	岁进士上院中门背面上
岁进士	岁进士上院中门正面上
吉且安	岁进士下院院落内闲置
岁进士	岁进士下院中门正面上
明经第	明经第院落大门上
恩进士	恩进士院落大门上
福备三多	西财主院大门上
定国先声	东财主院西院三层正房上
杨柳长春	东财主院西院三层正房内
德盛永	东财主院西院三层东厢房上
达尊有二	东财主院西院三层西厢房上
克昌后	东财主院西院后门上
思孝堂	思孝堂大门上

附录5　陈氏重要人物一览表

姓名	字讳	陈氏辈分	生卒年月	备注
陈儒公		第一代	生卒年月不可考	第一个迁来西湾的陈姓人
陈维弘	耀轩	第三代	1656～1721年	家谱中第一个有时间记载的人
陈三锡	金之	第四代	1685～1758年	碛口商贸创始人，重修黑龙庙，"功德主"
陈秉敬	胜修	第五代	1725～1793年	乾隆壬午（1762年）春入文庠
陈秉谦	圣德	第五代	1727～1795年	乾隆丙子（1756年）入文庠，甲辰（1784年）中恩选明经进士
陈满瑜	佩珩	第六代	1738～1813年	乾隆甲申（1764年）入文庠，补博士弟子员，同年中恩选明经进士；写家谱之人
陈满璆	尔燦	第六代	1748～1819年	乾隆戊子（1768年）入文庠，补博士弟子员
陈满璞	琢玉	第六代	1754～1792年	乾隆丁未（1787年）入文庠，补博士弟子员
陈满琳	雍玉	第六代	1776～1856年	嘉庆甲子（1804年）入文庠，补博士弟子员，道光十五年（1835年）举乡饮介宾；善建造，将西湾格局完善之人
陈满宾		第六代	生卒年月不可考	嘉庆己未（1799年）入武庠，甲子（1804年）春例授副守府
陈梦元		第六代	生卒年月不可考	武略骑尉
陈中椿	应元	第七代	1769～1836年	嘉庆辛酉（1801年）入文庠，举乡饮介宾
陈中楷	字声捷，讳中元	第七代	1774～1849年	嘉庆己未（1799）入文庠，举乡饮介宾
陈中榛	字蓉镜，讳殿元	第七代	1787～1857年	嘉庆壬申（1812）入文庠，道光二十六年（1846）中明经进士
陈中槐	字镜芙，讳兆元	第七代	1789～1828年	岁进士昭武都尉，建"欲绍先谟"
陈中楠	字子如，讳保元	第七代	生卒年月不可考	搬到安乐庄生活，六十多岁中进士，卒于上任的路上
陈学儒	字子鸿，号通三	第八代	1791～1853年	嘉庆己巳（1809年）入文庠，道光壬寅（1842年）中明经进士
陈学伊	字暗然，号明斋	第八代	1802～1868年	嘉庆二十四年（1819年）入文庠，道光乙酉（1825年）中明经进士
陈辉章	映衢	第八代	生卒年月不可考	军功、蓝顶、五品昭武大夫
陈位中		第十代		道光乙酉（1825年）科拔贡，修思孝堂

后 记

2012年5月14日，罗哲文先生走了，享年88岁。罗先生曾任国家文物局古建筑专家组组长、中国文物学会会长、全国历史文化名城保护专家委员会副主任、中国长城学会副会长等职，德高望重，颇有影响。我见过罗先生多次，但大部分是在各种会议中。给我影响最深的是，罗先生总是笑呵呵的，面慈目善，平易近人，非常耐心地回答着各种问题。罗先生也非常忙碌，飞遍祖国的大江南北，经常出席各地的研讨会，为保护文化遗产而呼吁。

改革开放以来的30余年，国内掀起了轰轰烈烈的城市化过程，大江南北的大中城市，几乎一个个变成巨大的工地。这使得中国的城市、乡村发生了翻天覆地的变化，令人欣喜和鼓舞。但同时，大量的建筑遗产遭到破坏。保护和发展之间的矛盾也从未这样尖锐。在这样的背景下，一批能人志士为保护建筑遗产鼓呼奔走。罗哲文先生便是其中之一，他耗尽半生心血，初衷不改，老而弥坚，为保护中国建筑遗产奔走呼号，功不可没。祝罗老一路走好！后辈延续罗先生的未尽之工作，也算是对先生最好的纪念！

我们课题组对于西湾村的调查，可谓旷日持久。早在2004年，我们曾带交大建筑学93级的张轩、张宁、黄欢、郭腊梅等同学对西湾村的部分历史建筑做过测绘。在之后的七八年间，我也曾陆陆续续到过西湾村10余次。但较为深入的调查，则是从2011年10月初开始，前后持续了将近一年，参加的硕士研究生和高年级本科生有李志新、李成、马小莉等。

在西湾村的调查和研究过程中，我们得到各方面的帮助和支持。山西省住房和城乡建设厅厅长李俊明、总规划师李锦生等领导对这套丛书给予了高度重视和积极支持。城建处处长张海同志（原村镇处处长）对本书的定位、框架提出了许多宝贵意见和具体指导。村镇处处长于丽萍同志为了保证调查研究工作的顺利开展做了大量的组织和协调工作。碛口风景名胜区管理局局长王成军、总工程师高侯平、碛口镇镇长郝大山对我们的调查研究给予了很多方便。在此，一并表示真诚的谢意。

本书由薛林平、李成、马小莉、于丽萍分别撰写或整理了相关内容，最后由薛林平统一修改定稿。想必书中还会有这样或那样的遗漏、不妥、错误之处，恳请各界学者及广大读者批评指正。

薛林平

北京交通大学建筑与艺术系

2012年8月1日